守る学級経営

三好真史

東洋館出版社

★――はじめに

「学級経営」というのは、一口には語れないものです。

学級集団というのは、よい方向に進むか、悪い方向に進むか、このどちらかだからです。

よい方向に進んでいる場合であれば、上昇させる指導が必要になるし、悪い方向に進んでいれば、下降を食い止めるような指導が必要になります。

学級の状態に合わない指導をしてしまうと、取り返しのつかない事態ともなりかねません。たとえば、学級が荒れている状態だとしましょう。

教師と子どもの関係がよくない。

子どもと子どもの関係づくりも、不十分です。

そんななかで、「友だちのいいところを見つけて、放課後に発表しようね！」

というような実践をしたとすれば……

どうでしょうか。

きっと、その実践は機能しないでしょう。

それどころか、より険悪な雰囲気をもたらしてしまうことでしょう。

おそらくその担任教師は、ほかの教師の実践を見て、「これはいい。やってみよう」と考えてやるわけですが、それは学級の状態を考慮していないのです。

学級の実体にそぐわない実践を行えば、それで余計に学級の状態を悪くしてしまいます。

このように、人の実践を模倣して、よくない結果になることを「ヤケド」といいます。


負の状態に入っているのであれば食い止める必要があるし、正の状態に入っているのであれば、さらなる高みを目指す指導が必要になるわけです。


私は、学級経営には2つの種類があると考えました。

それが、「攻める学級経営」と「守る学級経営」です。

「攻める学級経営」では、ある程度学級が安定している状態から、さらに高める手段を提案します。

「守る学級経営」では、学級が不安定な状態から、崩さないようにしつつ、少しでも安定させるための手段を述べていきます。

本書は「**守る学級経営**」です。

この本を読むことによって、次のような効果が期待できます。

- **教師のあるべき姿が再確認できる**
- **子どもと教師の関係を切れないようにできる**
- **学級の悪化を防ぐような指導ができるようになる**
- **学力を保障する授業がつくれるようになる**
- **学級崩壊への対策ができる**
- **子どものウソを暴くことができるようになる**

崩壊へと進み始める学級を、どのように食い止めるのか。
学級の状態が悪化しないようにするためにできることは何なのか。
一緒に、改善の方法を考えていきましょう。

目次

第一章

教師のあり方を見直す

★1――よりよい教師になるために

◉理想の教師像を研究する

教師になったからには、誰だって「よりよい教師になりたい！」と、思うものではないでしょうか。それと同時に、こんな悩みを抱くことはありませんか。


「私は根暗だから、教師にふさわしくないのではないか……」

「ぼくはがさつで、教育者としてダメなんだ」

「神経質すぎて、カリカリしちゃうから、教師として不適任なんです！」


もしも、そんな風に考えているならば、ちょっとちがうのです。

1920年から、「理想の教師像」を追求する研究がされています。

これはなんと、100年以上も前からこの研究がなされているのです。

成果の出ていない教師の特徴を集めていき、そこから逆に、「理想の教師像」を抽出したというものです。

そのような研究によると、「**すぐれた教師になるために、ある特定の人柄を備える必要はない**」と結論づけられています。内向的とか社交的とか、神経質とか大ざっぱとか、そういう性格的なものではないのです。

人柄ではない。

だとすれば、一体どのようなことが、教師のあり方として求められているのでしょうか。

◉子どもがもつ「第一感効果」

イスラエルのある研究を紹介します。

その研究では、高校生が「会ったことのない教師」の映像を10秒だけ見せられました。

そして、「教師がどのように教えるのか」について、その教師を評価しました。

会ったことも、話したこともないような教師の映像を見ただけです。

それなのに、評価の結果は、その教師が実際に受けもっていた生徒たちの評価した内容と、酷似する結果となりました。

つまり、なんと子どもは、10秒という驚くほど短い時間で、自分たちの目の前にいる教師を評価することができるのです。

この現象は、「第一感効果」と呼ばれています。

教師と子どもは教室の中で、たくさんの時間をともに過ごします。10秒どころではありませんよね。その長い時間の中で、教師に対する印象を「やっぱりそうだ」と強化したり、「いや、意外とちがうな」などと修正したりするわけです。

では、この印象をよいものにするには、どうすればよいのか。

それは、教師が「肯定的でオープンな態度」を示すことにあるとされています。

たとえば、次のようなことがあてはまります。

- **教室の中を動き回る**
- **打ち解けた様子で体を向ける**
- **よく笑顔を向ける**
- **直接目を合わせてくれる**
- **やる気を起こさせるように声かけしてくれる**

全体に対して行うというよりも、個人と接することが重要になります。

つまり、授業を受けながらも、「私」という個人とどのように向き合ってくれているかを、子どもは見ているということになります。

◉どのように語るかが重要

また、授業の際にも注意すべき点があります。

言葉でものを伝える際には、教師が「何を」語るかよりも、「どのように」語るかが重視されます。

たとえば、「声のトーンがどのような具合であるか」とか、「説明の手法がどうか」とか、そういう非言語的な部分に、子どもは注意を向けています。

エリシャ・ババード博士は、このような教師の非言語的な特徴が教室にどのような影響を与えているのかを調べ、次のようにまとめました。

> 「行為は繊細で、暗黙的で、一見すると目には見えない。
> けれども、それらが生徒に与える力は強烈である」

◉ 教師力＝コミュニケーション力

子どもたちは、教師の人柄を見ているのではなくて、「私」という個人とどのようにかかわっているのか、授業をどのような雰囲気で進めていくのか、などを見ています。

つまり、子どもは教師の「コミュニケーションする姿」を見ているのです。

人柄とか、性格とかではないのです。

子どもとのコミュニケーションの質を高められる教師が、よりよい教師であるということがいえるでしょう。

★2——子どもの「表情」や「しぐさ」から本音を読みとる

◉非言語のコミュニケーション

コミュニケーションの力を高めるためにはどうすればよいのか、ということについて触れていきます。

「ノンバーバル」のコミュニケーションができるようになるためには、相手が見せる表情とかしぐさなどから、どのような感情を表しているのかを知ることが大切です。

微細な表情の変化を読みとって、知識と照らし合わせていくようにします。

そうすることで、子どもの心理や感情を見分けることができるようになるのです。

◉「表情」は心の中身を映し出す

人の感情は、さまざまな表情となって、顔に表れます。

そもそも「表情」というのは、人間が進化する過程において、目の前に起こるさまざまな出来事に適応するために反射神経が残ったものであるといわれています。たとえば、驚いたときに、人は目を見開きますが、これは、視野を広げてものを見ようとする動きだと考えられています。ですから、心の中身を隠そうとしても、感情とか思考からの反射神経によって、表情には何かしらのサインが表れます。大人ともなれば、表情を多少は操れる人もいるかもしれませんが、子どもの多くは感情のままに表情をつくることが多いため、読みとりやすいのです。

◉7つの表情を理解する

アメリカで表情に関する実験を行った心理学者ポール・エクマンは、学説「FACS」（Facial Action Cording System）を提唱しています。これによると、普遍的で特定の感情には、**「驚き」「恐怖」「軽蔑」「憤りと怒り」「嫌悪」「悲しみと絶望」「喜びと歓喜」**の7つがあるそうです。この7つの感情ごとに表れる表情の特徴を理解しましょう。

読みながら、鏡を見て表情をつくってみると、より理解が得られます。

これが理解できれば、子どもが今どのような感情を抱いているかを読みとるヒントが得られるはずです。

①「驚き」は眉毛が上がる

驚いたときは、眉毛がグッと上がり、額に横じわが入ります。さらに、目は大きく開かれて、まぶたが上下に開き、白目が表れます。そして、下顎が下がり、口が少しだけ開きます。

②「恐怖」は驚き＋口のゆがみ

恐怖の表情は、驚きと同じように眉が上がります。眉間が少し寄り、眉の形はまっすぐのままです。口は水平に伸びたり、口だけが軽くゆがむ場合もあります。子どもを指導しているときに、この表情が見られる場合は、教師に対して恐怖を感じている可能性があるので、注意が必要です。

③「軽蔑」は顔半分が変化する

軽蔑の表情は、顔の半分だけが変化して、口角がこわばり、軽く上がるという特徴があります。また、顎が少し上向きになったり、目が細くなったりします。教師に対する「軽蔑」の気持ちを抱いており、かなり注意が必要な表情です。

驚き

恐怖

軽蔑

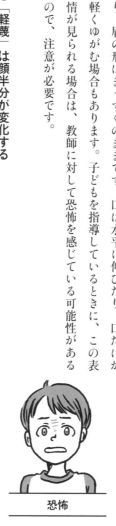

④「憤りと怒り」は眉が下がり眉間にしわ

怒りの表情は、額にはしわが寄らず、眉が下がり、眉間に縦じわが入ることが多いようです。下顎は前に出て、唇はギュッと閉じています。簡単につくれる表情なので、教師が意図的にやれば「いま怒っています」というサインを出すことも可能です。

怒り

⑤「嫌悪」は鼻のしわと上唇の張り

嫌悪の表情は、必ず鼻にしわが入り、上唇が引っ張られます。それにともない、下唇が引っ張られたり、前に出たりすることもあります。眉が下がることもあります。「今日は～をします」と活動内容を知らせたときに、この表情を見せる子どもがいるのであれば、授業への抵抗感を示しているといえます。

嫌悪

⑥「悲しみと絶望」は無気力で静止

落胆や失望をすると、表情は無気力になり、動かなくなります。眉の付け根は少し上がり気味になり、縦のしわが寄ります。視線が下向きで、口角が下がります。大きな悲しみの場合であれば、下まぶたも軽く引っ張られます。学級内もしくは家庭内で、何かしらのトラブルを抱えている可能性があります。

⑦「喜びと歓喜」は目が笑っているかどうか

喜びの表情は目に表れます。笑顔には、本物の表情とつくり笑いがあります。これを見分けるには、目が笑っているかどうかで判断することができます。口元だけで笑いをつくっている場合は、友だちや周囲に合わせようと気をつかっている可能性があります。

「守る学級経営」においては、子どもの心情をつかみにくいことがあります。だからこそ、子どもの表情から、子どもの心理や感情を見分け、円滑なコミュニケーションをはかれるようにしたいですね。

絶望

歓喜

★3――姿勢を読み解く

◉前傾の角度に興味が表れる

「話を聞く姿勢」には、その人の心情が表れやすいものです。

もしも、子どもが授業中に身を乗り出して聞いていたら、興味をもって真剣に話を聞いていると考えてよいでしょう。

では、子どもがイスの背もたれに反り返り、足を前方に投げ出していたら、どうでしょう。これは、教師の話に退屈しているか、話を聞きたくないと思っていると予想されます。

さらに、姿勢を左右に傾けて頬づえをついているようであれば、教師の話に納得していない可能性が高くなります。

これらのことは、1972年に行われたアメリカの心理学者アルバート・メラビアンによる実験で証明されています。

つまり、体の前傾角度に「話を聞きたいかどうか」の度合いが比例するのです。

子どもが授業内容に興味を示しているかどうかは、姿勢を見てみれば把握できるのです。

◉首の角度に信頼が表れる

「首」は、動物にとって弱点となる部分です。ここには頸動脈があるからです。首を見せるか隠すかによって、心理を読み解くことができます。

頭を横に傾けて首を見せるしぐさをしたら、「教師を信頼している」か、もしくは威圧感を感じる相手に「従います」という意思表示をしているか、どちらかの解釈ができます。

逆に、頭を前に傾けて首を隠すしぐさをしている場合は、教師のことを警戒し、不安を感じて無意識に防御の姿勢になっていると考えられます。

また、首を後ろに倒して喉仏を見せて顎を上げているしぐさは、相手を見下している証拠ということになります。これは、弱点をあえて見せており、恐るるに足りない相手だと思っていることを伝えるための動きです。教師に対する反抗心が表れているということになります。この動きをしている子どもがいれば、注意が必要です。

★4——繊細であることの強みを活かす

◉痛みの過小評価

あなたは、繊細な教師ですか。それとも、鈍感な教師ですか。

また、繊細な教師と鈍感な教師、どちらのほうが教師として優れているのでしょうか。

便宜上、ここでは「繊細教師」と「鈍感教師」という言い方で考えていきましょう。


一見すれば、鈍感教師というのは、生きやすそうなものです。

管理職から叱られてもへこたれず、いじめられることもなく、おそれを知らず……

もしかすると繊細教師は、そういうタフな生き方をしている先生を、羨望のまなざしで見ることがあるのかもしれません。

しかし、教師であるうえで、「繊細であること」は、かなり大きな武器になります。


繊細教師は子どもと濃い関係を構築できます。

鈍感教師には、それは難しいのです。

ケロッグ経営大学院ロラン・ノルドグレン教授は、次のような説を唱えています。

「人は社会的苦しみの深刻さを過小評価し、この偏った判断は社会的苦痛を自ら体験することによってのみ修正される」

鈍感教師というのは、毎日を平凡に痛みなく過ごしています。

あまり、人間関係で傷つくようなことがありません。

すると、「ほかの人の心の痛みを想像すること」が難しくなるのです。

たとえば、いじめを一切受けたことがないような鈍感教師は、いじめを受けている子どもの痛みを理解することがなかなかできません。

「そこまで落ち込むことはないよ」とか「時が経てばなんとかなるよ」というように楽観視してしまう。

友だちともめる辛さを知らない鈍感教師は、友だち同士のいさかいに対して「そこまで言い合うようなことじゃない」と取り合わないことがあります。

つまり、「痛みの感情の強さ」というものを、過小評価してしまうのです。

一方で、繊細教師というのは、よく傷つきます。**心の機敏さゆえに、子どもの痛みの感情に共感できます。**

子どものこころにいじめを受けた先生ならば、子どもの気持ちを理解することができます。「その気持ち、わかるな」というように、寄り添うことができるのです。

発表できなくてモジモジしている子どもにも、「先生も緊張するから、その気持ちわかるよ」と声をかけてあげることができるのです。

◉権力の過小評価

繊細か鈍感であるかは、指導のあり方にまで影響を及ぼします。

鈍感教師は、あまり権力に動じません。

管理職に「またキミは！」などと叱られても、「なんですか、私が悪いのですか」などと言い返してしまいます。

そうなると、「自分の影響力の強さ」をも過小評価してしまうようになります。

子どもに厳しく叱ったり、怒鳴りつけたりすると、子どもは落ち込みます。

そのことについて、自分の影響力を過小評価するのです。

子どもの反応を見て、「そこまで落ち込むことはないのに」とか「ちょっと叱られたくらいでクヨクヨしてどうするんだ」いうように感じとってしまうのです。

一方で、繊細教師は、人に言われることに対して影響を受けます。

だから、自分が教師であり、子どもに影響を与えることの強さについて、身をもって体験してきているので、慎重に言動を選ぶことになるのです。

両者で異なるのは、「共感性」です。

鈍感教師は共感性が欠如しており、繊細教師は高い共感性を発揮することができるのです。

鈍感教師の行動というのは、子どもとの間に「認知のギャップ」を引き起こします。

子どもが感じていることと、教師が想像していることのギャップが生じます。

そのギャップが大きくなればなるほど、教師と子どもの関係性を悪化させてしまうことになるのです。

鈍感教師の側からすれば「そんな気にすることないのに」ととらえられるし、子どももからすると「先生は私の気持ちをまったくわかってくれない」となるわけですから、自然な流れともいえます。

時にこれは、雪玉が膨れ上がるように大きな嫌悪感を抱かせていくことになります。

そういうギャップを生じさせないようにするためには、鈍感な教師は、自ら傷つくような経験をするしかないのです。

職員会議で自ら手を挙げて恥ずかしい思いをしながら発言してみる。

あるいは、管理職から叱られたとき、言い訳せずに反省する。

そのようにして、感情の振れ幅を大きくしてみましょう。

それでもどうしても繊細な人の気持ちが理解できないのであれば、もうそれは仕方がないことですから、**「自分が鈍感である」ということを自覚して、傷つきやすい子どもの声に耳を傾けるようにしましょう。**

「私は繊細な教師だ」と感じている人は、それが子どもとの関係構築に役立っていることを誇るべきでしょう。繊細教師であれば、より子どもの気持ちに共感し、理解し、励ましていくことができるのですから。

◉繊細教師の弱点

ただし、繊細教師には、気をつけてほしいことがあります。

繊細教師の共感は、「自分自身の犠牲」をはらむとされています。

共感とは、それを行うことにより心理的痛みを感じるということです。たとえば「いじめられている子ども」に共感すると、自身もいじめられているかのようなダメージを受けてしまう。**子どもの気持ちに寄り添うことで、自分自身も傷ついてしまうのです。**

真面目で心優しい先生に精神的な病気休暇の取得者が多いのは、もしかするとこの点に由来しているのかもしれません。

繊細教師は、共感を武器として活かしつつも、自分自身が疲れてしまわないように休日はしっかりと心身を休めるように気をつけましょう。

★5——暗黙の教えに気をつける

◉枯れた花が子どもに教えること

「**ヒドゥン・カリキュラム**」という考え方があります。

ヒドゥン・カリキュラムとは、「暗黙の教え」とも呼ばれており、子どもが暗黙に学ぶ教育内容のことです。

私たちは通常、カリキュラムを組んで子どもたちへ教育活動を実施しています。

「引き算の筆算ができるようになる」など、何らかの意図とか目標などをもち、教育活動にあたっています。

ただし、そのような目に見えるカリキュラムとは「別のこと」を、ひっそりと子どもたちは学んでいることがあるのです。

たとえば、教室の片隅に花瓶に花を差し続けていたとします。

はじめはきれいだった花も、時が経つにつれ、徐々に枯れていきます。

汚れた水のまま、枯れたままの状態で放置されてしまいました。

子どもたちはその花を見ます。

教室に飾ってあるものだから、自然と目にします。

そして、無意識的にさまざまなことを学びとります。


「植物のことは雑に扱ってもよいのだ」

「教室は汚れてもかまわない」

「先生は生き物を大切にしようと言っていたが、実際はしていない。大人は口だけだ」


教える予定ではないのに、暗黙的に教えているかもしれないのです。

これが、ヒドゥン・カリキュラムの効果です。

◉教室の中のヒドゥン・カリキュラム

たとえば、子どもが授業時間に先生のことをあだ名で呼んできたとします。

ここであだ名について触れず、そのままにしてしまったとすれば、ヒドゥン・カリキュラムとして、「授業と休み時間は、けじめをつけなくてもよい」と教えることになります。

授業中に不必要な発言をくり返している子どもがいて、教師がこれをスルーしている場合では、子どもは何を学ぶのでしょうか。

「授業中にいらないことを話してもいいのだ」
「先生は、あの子たちを特別扱いしている。あの子たちの言うことを聞いた方がいいんだな」

このようなヒドゥン・カリキュラムが考えられます。

授業中に、「挙手している子どもの発言だけ」で授業が進んでいくときに、手を挙げていない子どもは、どのようなことを学んでいるのでしょう。

「手を挙げなくたって、私には関係がない」
「何もしなければ、失敗することもなくて、楽だ」
「人任せにしていれば、自分が傷つかなくてすむ」

この問題が分かる人？
手を挙げなくたってわたしには**関係ない……**
人任せにしていれば自分が**傷つかずにすむ……**

目に見えるカリキュラムとは「**別のこと**」を、ひっそりと子どもたちは学んでいる

そんなマイナスな学びを与えているのかもしれません。

教育というのは、「言葉」だけでなされるものではないのです。

子どもたちは、教師の動きや周囲の環境などから、大いに学びとっているのです。

「守る学級経営」は、子どもたちの学習環境づくりから始めましょう。

自身の言動や周囲の環境が、どのようなヒドゥン・カリキュラムを生みだしているのかについて、よく配慮しておくようにしましょう。

★6——学級内のインフルエンサーになる

◉教師はインフルエンサーであれ

学級の状態がどうかを左右する要因に、教師の影響力の大きさがあります。

教師が影響力をもつほうが、学級指導はやりやすいということになります。

例えるならば、**「学級内のインフルエンサー」**であるほうがよい。

「インフルエンサー」というと、「世間に与える影響力が大きい行動を行う人物」であって、SNSの中の有名人という印象かもしれませんが、ここでは「教室内で影響力が大きい人物」ということです。

たとえば、若い教師は、割と楽に学級経営できるところがあります。

これは、**「若い＝たくさん遊んでくれる＝好き」**という流れから、子どもがフォロワーになってくれるからなのです。一緒に遊んでくれる「年齢の近いお兄さんお姉さん」的な存在だからこそ、すぐにフォロワーになってくれる。支持してくれるのです。

だから、授業が多少完成されていないものであったとしても、大目に見てもらえるわけです。

教師が子どもから支持されている学級では、いじめ問題は起こりにくいものです。学級崩壊も起こりにくい。

なぜなら、インフルエンサーである教師が「それはやめましょう」「君たちがそんなことをするなんて、残念だ」と言えば、その影響力でやめさせることができるからです。

学級崩壊や、いじめ問題も、「教師のフォロワー不足」により起こることが多いと考えられます。フォロワーが少ないからこそ「止められない」といったほうが正しいかもしれません。

教師が「やめようよ」と言ったところで、その言葉が大した影響力をもたないとき、「学級崩壊」や「いじめ」などの問題が起こってしまうのです。

◉悪い子どもがインフルエンサーになると大変

ときどき、教師を上回るような影響力のあるインフルエンサーの子どもがいます。

よい影響を与えるインフルエンサーであれば、クラスにとって限りなくよいのです。

学級委員を務めるような、真面目で誠実な子どもです。そういう学級のリーダー格の子どもが「もっとがんばろうよ」「きちんとやろうよ」「悪いことはやめておこうよ」というように声をかけてくれれば、学級はよい方向へと進んでいきます。

反対に、悪い影響を与えるインフルエンサーの子どももいます。たとえば、「スポーツができる」

「勉強ができる」「コミュニケーション能力に優れている」「ケンカが強い」など、何かしらの分野で秀でていれば、それで人気を得られます。周囲の支持を得ているということになります。

そして、そのような人気の子どもが、特定の子どもへ暴力的な働きかけをしたり、あるいはしようと周囲に誘いかけたりすると、周りも追随します。いじめ問題が生まれることになります。

インフルエンサーの子どもが学級の輪を乱すような動きを始めたとき……その子どもが教師よりも影響力をもっていれば、もう止められるはずもありません。

そこから、学級崩壊が始まるのです。

もしも周囲に支持されていない子どもがいじめや学級崩壊を働きかけたとしても、みんなはそれに追随しないので、大きな問題にはならないのです。それはただの「問題児」になるだけです。

そういうわけですから、「守る学級経営」において学級の問題を防ぐためには、「教師がフォローされていること」が必要になるわけです。

できれば、「学級のインフルエンサー」になれるのが一番よい。どの子どもたちよりも、もっとも影響を与える人になれればよいということです。

★7――信用を得る

◉子どもからの信用を得るには

「守る学級経営」では、教師が子どもから信用されていなければ、苦しい状況となってしまいます。

子どもたちとの関係をつなぎ、信用してもらうためには、次の3つのステップを踏むと効果的です。

①シュムージング
②ストレングス
③類似と共通点

これらについて、一つずつ説明をしていきます。

①シュムージング

あまり聞き慣れない言葉ですが、難しいテクニックということではありません。要するに、「本題を切り出す前に自分のことをネタにした雑談をはさむ」ということです。

たとえば、朝の会で「今日の予定」などを話すとしたら、その前に、家であったちょっとした出来事を話すとよいのです。

「本題の前に雑談を」、というと、ありふれたやり方のように思えるかもしれません。ただし、ただの雑談ではいけません。「大変なニュースがありましたね」とか「今日は寒いですね」といった類ではないのです。

ここで大事なのは、「**自分のことをネタにする**」ことです。

教師自身に関係すること、それもかなりコアな部分に触れる話題が効果的です。

・**健康に関する心配事**

子どもだって、健康に関することには関心をもっています。

・**人生で幸福を感じること**

自分の好きなこと、はまっていること、幸せを感じることなど、人生におけるポジティブな出来事を話しましょう。

・自分の弱点やマイナス面

長年悩んでいることや、改善したいと思っていること、苦手だから助けてほしいことなど、弱点やマイナス面を打ち明けましょう。

・自分の趣味や興味

あなたが長く続けている趣味や、これから興味をもって取り組んでいきたいと思っていることをテーマにします。

・恥ずかしかった体験や罪悪感を覚えた体験

自分の失敗談や、罪悪感が今も残っているような体験を語ります。

このようなシュムージングがうまくいくと相手との心理的な距離が大きく縮まっていきます。その効果については、2002年にスタンフォード大学の研究チームが行った実験でも確かめられています。

②ストレングス

2つ目のステップは、ストレングスです。

これは子どもに自信をもたせ、行動を起こしやすくさせるテクニックです。

子どもを動かす秘訣は、自ら行動したくなる気持ちを起こさせること。自ら動いてもらうために必要なのは、命令口調での指示とか、脅しではないのです。

人は誰かに認められたときに、行動を起こします。

聞き手に自信をもたせるステップを踏み、「私には力があふれている、行動力がある、能力がある、可能性がある」というような感覚をもたせて、行動を後押しします。

「1学期に比べると、みなさんずいぶん字がきれいになりました。声も出るようになりました。時が経ち、たしかにみなさんは成長しているのです」

子どもが自分の成長や変化、もっている能力、価値を再発見できたと感じ、そこでやる気は一気に高まります。

話し手の言葉によって、ストレングスされるのです。

③類似と共通点

3つ目のステップは、「類似と共通点」の強調です。

影響力のある教師は、あからさまに子どもの上に立とうとしません。身近な存在、気軽に話しかけられる仲間という立ち位置から、影響を与えていくのです。

上から目線ばかりの教師というのは、嫌われるものです。そして、親しみのある教師は好意をもって支持されます。

・好きなアニメが同じ
・よく観るYouTubeが同じ
・絵を描くのが好き

例えばこのように、子どもが好きと感じていることについて、同じように教師も趣味にしてもつとよいのです。人は、小さな共通点があるだけで相手の話に耳を傾け、受け入れる確率が2倍近くまで向上することがわかっています。

★8——5つの影響力をもつ

◉影響力とは何か

教師には、影響力が必要です。「Aという学習をやりましょう」と言ったところで、影響力が皆無であれば、「そんなものは、やりたくない」と感じさせてしまいます。

強すぎるほどの影響力は必要ありませんが、少なくとも、学習に意欲をもたせられるだけの影響力は必須です。

では、「影響力」とは、具体的にどのような事象から起こるものなのでしょうか。

心理学者のフレンチとイレブンは、「社会的勢力」の研究の中で、次の5つの影響力をあげています。

①賞勢力

この人物に従うと「いいことがある」と思わせる影響力。学力が高まる、運動ができるようになるなど、自分にとって効果が確認できるということです。

②罰勢力

この人物に従わなければ、「罰や損失を被る」と思わせる影響力です。かなり厳しい先生のもとにいる子どもは、この影響力を受けています。

③正当勢力

社会的な立場上、従うべきであると思わせる影響力です。「先生だから、言うことを聞こう」など、立場を考慮することで行動を変えるのです。

④専門勢力

専門家という立場に従おうと思わせる影響力。教科の専門であるから、その先生の言うことを聞こうとする影響力です。

⑤参照勢力

魅力ある人物に憧れて、まねをしたいと思わせる影響力。先生のことが好きで、好きだからまねをして見せるような影響力です。

このように、教師の影響力というのは、5種類に分けられます。

私の場合であれば、低学年では⑤「参照勢力」を強くしています。先生のことを好きになってもらえれば、勉強にも意欲的に取り組ませられるからです。

また、高学年を教えるのであれば、④「専門勢力」を高められるようにしています。教科のプロフェッショナルとしての気概をもって授業を進められるよう心がけています。

みなさんは、どの勢力が強いでしょうか。

「どれも弱い！」というのであれば、自分の得意な部分から、影響力を高められるようにしていきたいものです。

コラム1

謝罪は学級状態をはかるリトマス紙

教師と子どもの関係がよいか悪いかを容易に明らかにする方法があります。

それは、「謝罪」です。

教師が謝ったときに、子どもがどのように反応するのか。

子どもの様子を、よく観察するとよいのです。


たとえば、急な時間割変更があった場合に「ごめんね」と言ってみる。

あるいは、伝えた指示が間違っていたときに「ごめんなさい、訂正します」と伝える。

そのときの子どもの様子を観察しましょう。

子どもの反応が「マジでないわ」「ありえない」「何考えているんだ」などというように否定的な場合は、関係性として、子どもが優位に立っていることが考えられます。

子どもが教師を支持していない状態と解釈できます。

「わかりました」「先生、大丈夫ですよ」「なんとかなりますよ」というように、子どもが前向きにとらえてくれる場合であれば、支持されていると見ていいでしょう。

否定的な反応ならば「守る学級経営」をすべきだし、肯定的な反応は「攻める学級経営」を心がけるのがよいということになります。

あくまでも目安ではありますが、学級の状態を把握するのにわかりやすい方法が「謝罪」であると考えています。

教師の謝罪は、学級状態を見るためのリトマス紙のようなものだといえるでしょう。

第二章

切れない関係をつくる

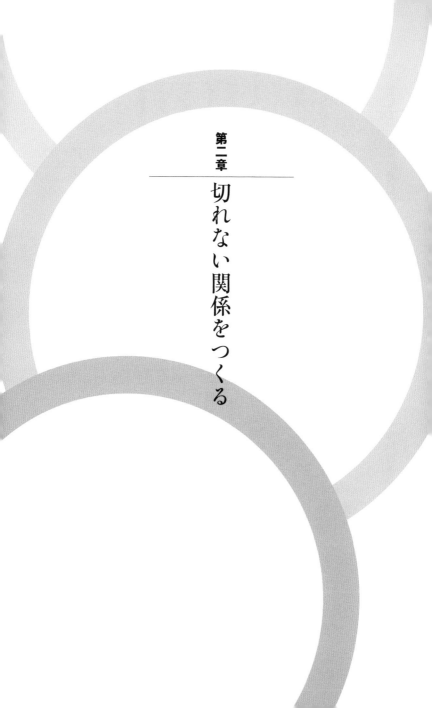

★1――アフターフォローを忘れない

◉おそれられつつ、憎まれない

「守る学級経営」では、子どもに厳しく言わねばならない場合が多々あります。

「教師には、厳しさが必要だ」

そうはわかっていても、子どもへ厳しく指導することに躊躇してしまうことはあるでしょう。

「厳しい教師になると、子どもに嫌われるんじゃないか。そうなったら、指導なんてよけいにできなくなってしまいそう……」と想像してしまって、指導に戸惑いを感じる先生がいます。

教師は、おそれられる存在でなくてはならない。

いじめや学級崩壊から子どもを守るためには、秩序を保てるようにしなくてはなりません。

それには、ある程度の厳しさが必要です。

そして、ここが難しいところですが、教師は憎まれてしまってもいけません。

憎まれてしまうと、それはそれで、その子どもに教育的な指導が入らなくなってしまいます。「うざい」「また何か言ってるよ」「今だけガマンしよう」などと子どもに思われてしまいます。そうして、目には見えなくても、じんわりと学級崩壊が進行してしまうこともあり得ます。

「おそれられつつ、憎まれない」ようにするためには、どうすればよいのか。

これは、アフターフォローに尽きるでしょう。

たとえば、厳しく叱った後に「さっき、どうして厳しく言ったのかわかる？」と声をかける。

叱った次の日の成長を見つけて「やればできるね！」とほめる。

厳しく接しながらも、愛情をもっていることを、態度で示すのです。

そうすれば、厳しいながらも、憎まれることはありません。

おそれられることと憎まれないこと、これは両立が可能なのです。

あなたの周りにも、人望を集めながら、おそれられているような教師はいませんか。

学級を安定させたいのであれば、そういう類の教師を目指すとよいということになります。

「守る学級経営」ではおそれられつつ、なおかつ憎まれない指導を心がけましょう。

★2──ボーダーを決めて伝える

◉叱るボーダーを定める

指導に一貫性をもたせるためには、「どんなときに先生が激しく怒るのか」を宣言しておくとよいでしょう。

「叱るボーダー」を定めるのです。

たとえば私は、厳しく叱るボーダーを「**自他の心身を傷つけるとき**」としています。

人権を脅かすような言動は許されるものではありません。

彼らの生命を守ることは、そこにいる大人の果たさねばならない義務といえるでしょう。

だから、自分の体を傷つけそうなとき（登ってはいけないときに登っていたり、教室で走り回ったりしているとき）には、「やめなさい！　危ない！」と声を荒げます。

また、人の努力を侮辱するような場面でも、「なんてことを言うんだ！」と叱ります。

でも、宿題忘れなどでは、そこまで叱責することはありません。

これは、ボーダーラインを越える内容に該当しないからです。

子どもにも、このボーダーの基準を伝えています。

それに沿って叱るので、子どもも次第に「これは先生に叱られる！」というのがわかってくることでしょう。

このボーダーは、教師が自分で決めることです。

人が言っていることをまねすると、「借り物」の基準になります。

それだと、自分の腑に落ちていないから、守りきることができなくなります。

すると、「先生は言っていることとやっていることがちがう」と、信頼を落としてしまうことになります。

「自分勝手な行動をするとき」

「3回言っても態度を改めないとき」

「人に迷惑をかけるとき」

このように、自分の中で叱るボーダーラインを決めること。

決めたからには、しっかりと守るようにしましょう。

★3――叱られ方を教えておく

◉叱られ方の事前指導

よくないことをしてしまえば、叱られる。教育上、ほめ言葉はアクセルで、叱り言葉はブレーキのようなものですから、ダメなことはダメだと叱られることも、学校生活ではあるものです。

ただ、そうやって叱られることに慣れていない子どもがいます。そもそも叱られることを経験していなかったり、叱られることへの耐性が身についていないようなことがあります。

そういう子どもは、叱られた後にふてくされたり、家に帰って間違ったことを親に告げたりしてしまいます。

すると、後の関係に響いたり、異なるトラブルへ発展してしまったりすることもあり得ます。

だから、できるだけ早いうちに、叱られることの価値について語っておくことが大切です。

> 「もしも悪いことをしてしまったら、きちんと叱られましょう。先生もそうでしたが、誰だって叱られるようなことを、子どものうちにしています。そのたびに、みんな

叱られてきているのです。でもね、もしも悪いことをして逃げることができたなら、きっとさらに悪いことをしてしまう。そして、それも逃げられたなら、もっともっと悪いことをしてしまう。そして、いつか見つかったときには、もう取り返しのつかないようなことになっているのかもしれない。だから、悪いことをしてしまったら、叱られましょう。『ああ、やってしまった。気をつけるようにしよう』と反省して、くり返さなければいい。それだけのことなのです」

こういう指導をしておくのです。特に、先生が叱られた話を、たくさんするとよいでしょう。私なんかは、しょっちゅう叱られる子どもだったので、叱られる子どもの気持ちはよくわかります。そうやって言っておけば、「そうなんだ、みんな叱られてきたんだ。先生も、叱られたんだな。だったら、私も叱られて成長しよう」と、前向きに叱られることを受け止められるようになります。それで、叱るときは、できるだけサッと叱るようにします。そうしておけば、後々まで引きずらないようになります。効果的な指導がしやすくなるものです。

できるだけ、早い時期に、叱られ方についての話をしておくようにしましょう。

★4――反抗されたら質問する

◉教師に対する反抗にどう応えるか

「はあ？」

「なんだよ、先生、ありえねえ」

「意味わかんないんだけど」


子どもが、反抗的な態度をとる。

小学校高学年～中学生あたりの、思春期まっただ中の子どもと向き合っていれば、誰でも経験することです。第一、10歳を過ぎても教師の言うことを素直に聞いてばかりいれば、それはそれで心配なものです。

ただ、右記のような態度をとられたら……

教師だって人間ですから、腹が立ちますよね。

このような反抗に対して、あなたはどう対応するでしょうか。

原則として、教師に対する反抗に対して厳しく叱りつけてはなりません。

もちろん、教師だって人間ですから、教師に対する反抗には腹が立つものです。

でも、そこで怒鳴りつけることは、かなりのリスクを背負うことになります。

たとえば、「なんですか、その言い方は！」というように、厳しく怒鳴りつけたとします。

この言葉を意訳するならば、「**私に対して、そんな言葉づかいをするなんて、失礼じゃないか！**」

ということになります。

その後、子どもがほかの子どもを叩いているのを見かけたとします。

そして、今度は諭すようにして静かに叱ったとしましょう。

その様子をはたから見ていた子どもはこう解釈することでしょう。

「**先生は、自分がバカにされたときは激しく怒るけど、子どもが叩かれたときには、そこまで怒らない。つまり先生は、自分のことが一番大切なのだ**」

教師に対する反抗に激しく怒るのであれば、ほかの指導の際には、さらに厳しく激昂しなくてはならないということになるのです。

もしそうしないのであれば、子どもはいぶかしく思ってしまうことになるのですから。

だから、そのような事態に陥らないようにするためにも、教師に対する反抗に関しては、きわめて冷静にふるまうべきといえます。大人に対する反抗には、何か理由があるはずです。


「いったいどうしてそういうことを言うの?」

「最近、あなたの態度が気になるんだけど」

「さっきの言い方が引っかかっているんだけど」


このようにして、落ち着いて尋ねるようにしましょう。

◉反抗は「うれしいこと」である

国語教育者の大村はま先生は、子どもが反抗することを「うれしいこと」として、肯定的にとらえています。

子どもの反抗に対して、次のように述べています。

彼は非常に成長して先生を乗り越えかかってきたわけです。うれしいことですね。反抗心でもなんでもないんです。反抗心なんてもんじゃない、「反抗心」と見えるのは熱に燃える子どものなまの心だと思います。それが幼いから、礼儀正しくうまく表す方法を知りませんから、そういう形で出てくるのです。子どもに反抗されることは、私にとっては喜びであり、楽しいことだと思います。彼らは私を乗り越えて行くのです。みなさん！　ほんとうにそうお思いになりませんか。私たち程度のところにとまった子どもがたくさんいたらどうしますか。日本は滅びてしまいますよ。「乗り越えて行くこと」、「正しく批判し、反撥すること」は、ほんとうによいことだと思います。

乗り越えられる際には、踏まれてしまうので、そこには少しばかりの痛みを伴うわけですが、大村はま先生のように、乗り越えられることに喜びを感じられる教師でありたいものです。

★5――テンションを下げさせる

◉テンションが高いと「お祭り騒ぎ」になる

「守る学級経営」において、子どもと向き合う中で、考慮すべきは「テンションの高さ」です。テンションが高いと、盛り上がっていて、教室に熱がこもっているような感じになります。なんだか意欲的な雰囲気になっているようで、教師としては安心感を覚えることもあるものです。

しかし、テンションの高さには気をつけなくてはなりません。

特にADHD傾向の子どもは、雰囲気に左右されて、学級全体を荒らすような言動をしてしまうことがあります。そうなると、教師が盛り上げたのに、結局教師が叱って鎮めるという、悲しい結末を迎えることになります。

子どものテンションが高いということは、「**お祭り騒ぎ**」に近い感覚です。

お祭りで大騒ぎしている人たちに「ちょっと静かにしてくれませんか」と注意するのを想像してみましょう。おそらく、「これだけ盛り上がってるのに、うるせえんだよ！」などと、反抗的な、もしくは嘲笑的な反応が返ってくることが予想できるのではないでしょうか。

一方で、図書館で静かに勉強している人に、「ちょっと席を譲ってくれませんか」とお願いをしてみると、「事情があるのでしたらどうぞ」などと冷静な反応が返ってくることでしょう。

これらの反応のちがいは、テンションのちがいにより起こるのです。

学習に適しているのがどちらのテンションかというと、間違いなく「低い方」でしょう。

◉テンションを下げる方法

テンションを下げるには、じっくりとした呼吸の時間をつくると効果的です。

「今から、ゆっくりと呼吸をしてみましょう。吸って……息を止めて……吐いて……」というように、5秒ずつ程度でくり返します。それを1~2分程度行うだけでも、教室が落ち着いた雰囲気になります。

また、読み聞かせもテンションを下げる効果を生みます。読み聞かせは、本来は文章に慣れ親しませるために行われるものですが、テンションを下げる働きもあります。

読み聞かせの最中には、子どもは空想の世界に入り浸ります。すると静かな環境がつくられ、結果として落ち着いて学習に向かうことができるようになるのです。

子どものテンションはできるだけ低めに調整し、それから授業を始めるようにしましょう。

★6――小さなトラブルは時間をあける

◉時間をおくと心が落ち着く

チャイムが鳴って、休み時間が終わり、さあ授業を始めるぞ、となった途端に「先生、痛い……」「A君が悪口言ってきた……」と言ってくる。

特に、小学校低学年に起こりがちな問題です。

こういう際に、どう対応すべきなのでしょうか。

「そうか、痛いのか。保健室に行きましょう。みなさん、自習しておいてください」

「悪口を言われたのか。そうか、話を聞きましょう。関係者のBさん、来なさい。ほかの人は、教科書を読んでおいてください」

このようにして即時対応してしまうと、どうなるのか。

子どもは「不調を訴えたほうが先生に注目してもらえる」と感じてしまいます。

心身の不調を伝えれば、先生が自分のことをかまってくれる。

しかも、授業を受けなくてもよくなる。だったら、何かのトラブルを訴えたほうが、こうして自習として放置されるよりも、よっぽどマシではないのか。そう学びとらせてしまうわけです。

では、どのように対応すればよいのでしょうか。**ポイントは、時間をおくことです。**

「あなたの話は、聞いてあげたい。でも、今授業が始まったからね。終わってから、休み時間にゆっくり話を聞くよ。それでいい？」

そうして、授業が終わったらすぐに呼んで話を聞きましょう。

友だちとのことを聞いてほしい子どもの話は、休み時間を使ってしっかりと聞きます。

ただ、たいていの場合は、次の休み時間にはケロリとして外に遊びに出て行ってしまいます。「さっきの話はどうするの？　もういいの？」と尋ねると、「うん、もういいや！」となるのであれば、もうそれでいいでしょう。また、泣いてしまっていて話すことができなかったような子どもも、授業時間をはさむことによって、心が落ち着き、話をすることができるようになることもあります。

ただし、ケガをしているような重篤なトラブルや、人権的な問題を含むような場合は早急な対応が必要です。内容により対応を変えましょう。

★7——最高と最低を想像する

◉両極を想像すれば抑えられる

朝の打ち合わせなどにおいて、担任教師が教室を離れることは、よくあることです。教室にいるのは、子どもだけになります。教師が教室に戻ると、子どもがふざけていて、「何してるの！」と思わず声を荒げて叱ってしまった……というのは、よくある話ではないでしょうか。

それで、「こんなに叱るつもりはなかったのに……」と後悔してしまう。

どうすれば、現実を落ち着いて受け入れられるのでしょうか。

それは、最高の状態と最低の状態を想定することです。

教室に向かう廊下を歩きながら、2種類の子どもの姿を思い浮かべてみましょう。

①最高の姿

自習中の理想的な姿を想像します。全員が黙って読書できている。あるいは、課題をみんなで協力して行おうとしている。係の子どもが前へ出て、授業が進行し始めている……そういう

――理想的な状況を思い描きます。

②最低の姿

今度は、最低の段階の状況を想像します。やるべき課題をやらずにボーッとしている、課題をやっている子どもの横でふざけている子どもがいる、係の子どもが出てこずに何もしていない……そういう最低の状態を考えます。

このようにして、最高と最低を想像しながら教室へと向かいます。

少なくとも、最低のラインを下回ることはないでしょう。

だから、激しく怒りを覚えずに現実を受け入れることができます。

さらに、最高の姿の一部分でもできているようであれば、その点を取り上げてほめることもできます。

教室にたどり着くまでの時間にほんのちょっと想像力を働かせることで、自身が激昂するのを抑えることができるのです。試してみてください。

★8——子どもと大人はちがうことを理解させる

◉同じ立場に立つと抑制できない

「教師は子どもと同じ目線に立ちましょう」と言われることがあります。

しかし、「守る学級経営」においては、少しキケンな考え方です。

かくいう私は、「子どもと対等になること」を推奨する本を読み、実践したことがあります。

学級で起こる問題も、トラブルも、子どもと同じ立場として接して考えるようにするのです。

学級は、どうなったか。荒れに荒れてしまいました。

教師が子どもと同じ目線に立っていると、子どもが問題を起こしてしまったときに、それを止めることができないのです。

それ以来、特に「守る学級経営」においては、子どもへの共感はするものの「教師と子どもは同じ立場であってはならない」と意識しています。

教師と子どもは、そもそも立場がちがうのです。

教師は、教室を統治するリーダーでなくてはならないのです。

特に、「守る学級経営」においては、子どもの倫理観の欠如なども見られることでしょう。

「ダメなものはダメだ」と教えなくてはなりません。

「子どもと大人はちがうのだ」ということを、子どもたちに理解させることが大切です。

◉職員室で休憩する教師を非難する子どもに

たとえば、職員室でコーヒーを飲んでいる姿を見て、「先生たちだけズルイ！」なんて非難する子どもがいます。

だから、コソコソと子どもに見えないように飲む先生もいますが、隠れる必要などないのです。

教職員は、職業として学校に勤務しており、休憩時間にコーヒーを飲んでいるのです。だから、非難の声があがるようであれば、真っ向から論破すればよいのです。

「世の中にはさまざまな職業の人がいます。それぞれの人が、仕事にあたり、休憩時間が定められています。学校の先生は忙しくて、その休憩時間を確保するのも難しいような状況です。それでも、忙しい中、職員室でわずかな時間で休憩しているんです。その時間に、コーヒーを飲んだり、ゆっくりしたりしてリフレッシュして、次の仕事ができるように準備しているのです。あなたは、病院で働くお医者さんが休憩時間にコーヒーを飲んでいるのを見て、ズルイと言うのですか。言いませんよね。それと同じことです。あなたたちは子どもで、学校で学んでいる。先生たちは、職業として学校に勤めているのです。同じ立場ではありません」

子どもは、勘違いしているのです。

大人も、子どもと同じように学校に通っているのだと錯覚しているのです。

だから、勘違いさせないようにするためには、隠すのではなくて、きちんと子どもに理解させるようにしましょう。

「大人と子どもはちがうんだ」などというような乱暴な説明だと、子どもは決して納得しません。

むしろ不信感を抱いてしまいます。

だから、時間をかけて、きちんと詳しく論理立てられた説明をすることです。

そこには遠慮も、ご機嫌とりも、必要ないのです。

コラム2

二文をつなげて伝える

学校生活においては、子どもにとって都合の悪いことは起こり得ます。

本来であれば、そのような変更にも耐えうる精神性をもたせるべきです。

ただ、そうすることもできず、子どもからのブーイングを防ぎたいのであれば、「**二文をつなげて伝える**」という方法がオススメです。

たとえば、小雨のために、予定していた体育が中止になった場合を考えてみましょう。

先　生「今日は雨のため、体育は中止です」
子ども「エーー！　どうして？　これぐらいだったらできるじゃん！」
先　生「教室で読書をしますので、読む本を用意しておきましょう」

こういうブーイングというのは、聞いていてイヤなものです。

対応していると、心が疲弊してしまいます。

たとえば、このような状況であれば、ブーイングが出るような内容に加えて、さらに次の指示を加えて、二文をつなげるようにします。

先　生「今日は雨のため、体育は中止にしますので、教室で読書ができるように読みたい本を用意しておきましょう」
子ども「……ハイ」

この言い方だと、ブーイングが出せません。

もしも、この文の終わりに「エー!」と言ったとすると、「本を用意すること」に対してブーイングしているような形になってしまいます。それは、おかしいのです。

つまり、文脈としてブーイングできない構造になるのです。

もしも文句の声が起こってどうしようもないのであれば、このように文と文をつなげて伝えてみましょう。とりあえず、心的なストレスは軽減されるはずです。

第三章

学級指導で悪化を防ぐ

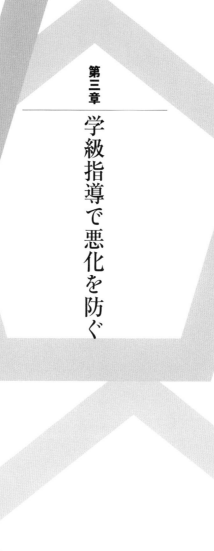

★1――叱責することの問題点と正しい使用方法

◉叱責で締めつけるのは不健全

「コラーッ！　何をしている！」

「叱責する」という行動で、子どもの不適切な行動をやめさせようとする先生がいます。場合によっては、叱責することによって、締めつけて、教室を安定させるという方法をとる先生もいます。

そんな締めつけをしていれば、教室が静かになります。

そういう学級の子どもの顔を見てみると、不安そうな顔をしています。当然ながら、これはあまりよい静けさとはいえません。理想的な学級とは、ほど遠いところです。

叱責することについて、教育者はできるだけ控えなくてはなりません。

……とはいえ、子どもはまだ未熟な存在です。やってはいけないことは、教える必要がありますので、時には声を荒げなくてはならない場面もあることでしょう。

イチ教育者として、「叱責する」ことについて書くのは心が痛みます。

でも、「叱る」と「叱責する」では、意味合いが異なりますので、ここはあえて「叱責する」ということについて注目して述べていくことにします。

叱責することは、どのような功罪があるのでしょうか。

正しく叱責するには、どうすればよいのでしょうか。

叱責することについて、考えていきましょう。

◉叱責することの6つの副作用

叱責することは、「罰」の一種です。

強い嫌悪感を与える罰には、即効性があります。

叱責することで、即座に子どもの行動が変わります。

この即効性が、「大人にとって正の強化」になります。教師の成功体験になるのです。

つまり、「子どもが変わった、そうか、怒鳴ればいいのだ。次の機会でも怒鳴ろう」というように、無意識的に多用してしまうことになるのです。

ただし、これで叱責し続けることになれば、おそろしいことになります。

叱責することには、次の6つの副作用があるのです。

①ほかの行動をも抑制してしまうことがある

授業中の不必要な発言について、「今は、そういうことを話すときではないでしょう！」と、厳しく叱責したとします。

すると、不必要な発言は少なくなります。

ですが、これと同時に、授業中のペア活動などの対話も少なくなります。本来なくなってはならないような行動までもが抑えられてしまう可能性があるのです。

②叱責されることがなくなるとき、一時的に顕著な反応増加を起こす

叱責することによって、よくない行動が抑制されていたとします。

それでも、怒鳴られない状況になると、その行動が再び起こります。

それどころか、一時的に顕著な増加が起こります。

たとえば、ガミガミ怒る先生の後に優しい先生が担任をすると、荒れて手のつけられないような状態になってしまうことがあります。

要するに、問題の根本的な解決になっていないのです。

③ほかの場面では不適切な行動をすることがある

その先生の前では、よくない行動は慎むことでしょう。しかし、たとえば専科の授業に行き、その先生の監視がなくなったときに、かえってよくない行動が増加して表れることがあります。

④むしろ悪化させることがある

叱責して押さえつけようとしても、それによって子どもの行動が悪化してしまうことがあります。また、ほかの子どもも不適切な行動を起こし始める可能性もあります。

⑤恐怖から、反抗や不登校などの問題が生じる

自分の身を守るために、攻撃を返すか、学校に行かなくなるという選択肢をとる子どももいます。自分が叱られたわけではなくても、誰かが叱られている姿を見ることでも、この結果が生じます。

⑥逃避するのを罰すると悪化する

子どもは、叱責されるという罰から逃れるために、学校へ行かないという選択肢をとることがあります。そういう、つらい出来事から逃れるために学校に行けない子どもがいたときに、

その子どもを叱ってしまうと、さらに学校に行けなくなってしまうことになります。

◉正しい叱責の方法

では、「決して怒鳴ってはならないのか」といえば、そういうことでもありません。

やはり、友だちを傷つけたり、危険なことをしたりする場合には、どうしても厳しく言わなければならない場面だってあります。正しく叱責する方法はあるのかといえば、これはあります。

叱責することの目的は、二度とその行動をくり返させないようにすることです。

どのようにすれば、それを可能にできるのか。学習心理学の見地から考えてみましょう。

①叱責すると決めたら、はじめから強く出る

弱い叱責を徐々に強めていくと、子どもの側に耐性ができてしまいます。

慣れてしまうのです。

そうなると、よくない行動を止めることができません。逆に、はじめに強く叱責して、後から徐々に弱めていくことには、効果があります。

②よくない行動の直後に怒鳴る

厳しく叱責することが効果を生むのは、「現行犯のみ」ととらえておくことです。たとえば、いたずらしているのを見かけて、なぜそれがよくないのかを諭した後に謝らなかったとき叱責したとすれば、それは「遅延罰」といって、効果的ではありません。遅くなってはいけないのです。現行犯で、見かけたその場で叱ることです。時間が経ってしまったのであれば、効果が薄くなってしまっていることを自覚しましょう。

③一貫して叱責する

ひとたび叱責したのであれば、その行動を子どもがやるたびに叱責し続ける必要があります。確認になりますが、叱責の目的は子どもにその行為をやめさせることにあります。叱責したり叱責しなかったりすることは、「部分罰」といって、比率が小さくなるほど抑制する効果が下がってしまいます。

ささいなことで叱責したとすれば、永遠にそれを続けなければならなくなるわけです。たとえば、宿題を忘れた子どもがいたときに叱責したとすれば、宿題を忘れた子どもが出るたびに叱責しなくてはならないことになります。かなり大変です。そうならないようにするためには、叱責する基準を高く、なおかつハッキリさせておくことです。

④怒鳴った後に、ほめない

意外に思われるかもしれませんが、怒鳴った後にほめてはいけません。

たとえば、叱責を受けた後に子どもが行動を正したとして、「すごい！」などと大げさにほめてしまうと、これはよくないのです。

子どもからすれば、「叱られた後にほめられる。だったらこの行動をくり返そう」と考えてしまうことになります。それだったら、いけないことをしたほうが、得ではありませんか。だから、怒鳴った後には、ほめないようにします。

「きちんとできましたね」とフィードバックを返すにとどめる程度にします。

⑤「ほかの場面」で、たっぷりほめる

いけないことを子どもが修正したとき、それ自体のことについてはほめません。

ただし、異なる場面でよいことをしたときには、よくほめるようにしましょう。

ほめることによって、先にあげた叱責の副作用を低減させることができます。

⑥さらに強く叱責してはならない

叱責することのおそろしさは、教師の側の成功体験になってしまうことです。

「叱責する→うまくいく→また叱責する」という悪循環への第一歩になってしまいます。一定のラインを決めたら、それ以上に叱責することをくり返してはなりません。

⑦叱責は減らし、ほめるのみになるようにする

異なる場面のよい行動をほめて、厳しく叱責することを減らしていきます。「叱責することを維持する」というのは、そもそも不可能なのです。よくない行動が減るようにしていき、ほめることが学級経営の中心になるように働きかけていきます。

ここまで述べてきましたけれども、決して叱責することを推奨しているわけではありません。むしろ、叱責はないほうがよいのです。しかし、「どうしても叱責しなければならない場合」であれば、これらのことを考慮したうえで行いましょう。

★2――やってはならない叱り方「ダブル・バインド」

◉どっちを選んでも叱られる

私は小さいころ、いたずらっ子でした。そのため、しょっちゅう先生に呼び出されては叱られていました。

特に自分が小学校低学年のころに、学校の先生に叱られた内容を覚えています。

何のいたずらかは忘れてしまいましたが、こんな叱られ方をしていました。

「これが悪いって、知っていてやったの!?」

あるとき、私は「知らなかった」と言いました。

すると、「これは悪いことなの！　覚えておきなさい！」と怒鳴りつけられました。

ほかのいたずらで、また同じように言われたので、今度は「知っていた」と答えてみました。

すると今度は「悪いってわかっているのに、どうしてやるの！」と叱責されました。

それからというもの、その先生に同じように尋ねられたら、黙っていることにしました。ほかの友だちもそうしていたし、叱られないようにするには、黙るしかなかったのです。

このように、あるメッセージと矛盾するメッセージとの間で身動きがとれなくなってしまう状態を「ダブル・バインド」と呼びます。

コミュニケーションの手段としても、教育の手法としても、非常に問題のある方法です。

ダブル・バインドは、1956年にグレゴリー・ベイトソンが発表した造語です。統合失調症の家庭環境を調査したときに、各家族に共通するコミュニケーション傾向として報告されています。

ダブル・バインドを多用する人は、他人に動いてもらうときに依頼や期待を伝えるのではなく、ポジション・パワーを用いる人とされています。

ポジション・パワーというのは、役職や立場から生じる力のことです。教師や保護者、上司などがもっている権力のことです。

相手に頭を下げたりお願いしたりするよりも、ダブル・バインドのようなポジション・パワーを用いたコミュニケーションの方が相手を容易に動かせることを知っており、それで多用してしまうのです。

たとえば上司が「もう知らん！　おまえの好きなようにやれ！」と言ってきて、それで好きなようにやったら「どうしてそんなやり方でやるんだ！」と文句をつけてくる。

これもダブル・バインドですね。

◉こんなものもダブル・バインド

知らず知らずのうちに、やってしまいそうなものですから、ダブル・バインドの例をいくつも見てみましょう。

「自由に描いていいよ」
選択①自由に描かない
↓自由に描いていいって言ったでしょう！
選択②自由に描く
↓そんな描き方をしたらダメでしょう！

「わからなかったら何でも質問してね」

選択①質問しない

↓わからなかったら聞いてって言ったでしょう？

選択②質問する

↓そんなくだらないこと、聞かないでくれ！

「そんなことをするんだったら、帰りなさい！」

選択①帰らない

↓どうして帰らないんだ！　さっさと帰れ！

選択②帰る

↓なぜ帰るんだ！　常識的に考えたらおかしいだろう！

「ふざけるんだったら、練習をやらなくていい！」

選択①やる

↓やらなくていいって言ってるだろう！

選択②やらない

↓どうしてやらないんだ！

「帰りなさい」とか「やらなくていい」とかの選択肢は、教師の思いとしては、「謝りなさい」「反省しなさい」という裏のメッセージがあるわけです。

ただ、提示されている選択肢からは、その行動を選ぶことができません。そうなると、子どもには心的ストレスがかかることになります。

現代においては、ダブル・バインドは「統合失調症の原因ではない」とされています。

それでも、ストレスの大きなコミュニケーションであることに変わりはありません。

子どもにかける言葉は、ダブル・バインドになっていないでしょうか。

今一度確かめてみましょう。

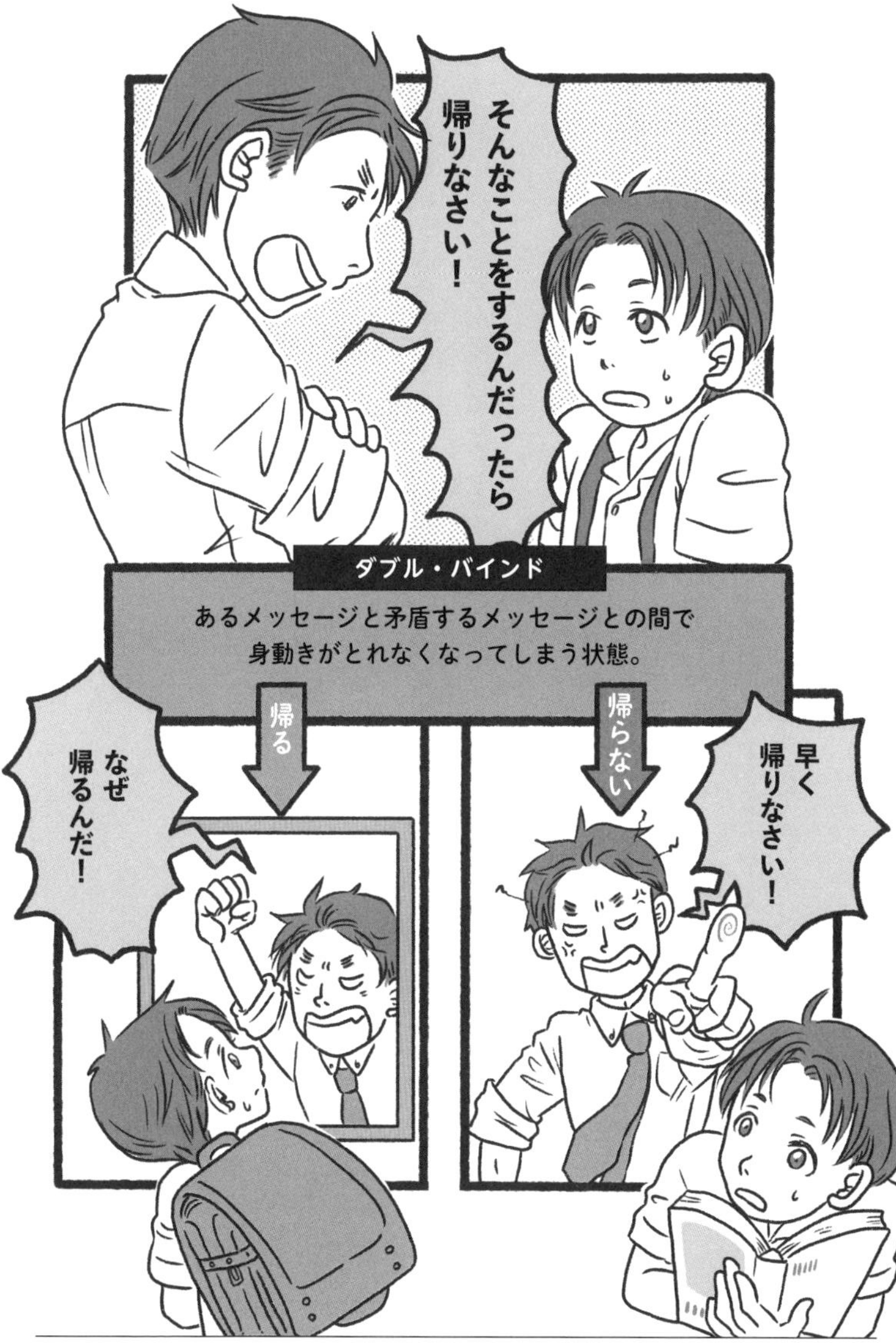

ダブル・バインドは**ストレスの大きな**コミュニケーションになる

★3――子どもの努力を無駄にしない

◉誰にどう言葉をかける？

給食の時間になりました。当番がエプロンに着替えて整列して、給食場へ向かいます。
しかし、肝心の当番の子どもが数人しか並んでいません。
並ばないどころか、エプロンも着ないで遊んでいるような子どももいます。
さて、ここでどんな指導をしますか。

「遅い！　みんな待っていますよ！　急ぎなさい！」

こうやって声を荒げる指導をやってしまいがちなものです。
ただ、教師から見えているのは、「やっていない子ども」です。
でも実は、がんばっている子どももいるのです。
並んでいる子どもも、目の前に数人いるのです。

学級全体に「きちんとやらないとダメじゃないか！」と叱ることは、がんばっている子どもの意欲をそぐことになってしまいかねない。「僕はがんばっているのに、どうして一緒に叱られるんだ。がんばっても無駄じゃないのか」と感じさせてしまうかもしれないのです。

がんばっている子がきちんと認められて、それでいてできていない子どもが反省の念を抱くような、そういう指導がよいのです。

これには、次の４つの方法が考えられます。

①置いてきぼりにする

遅い子どもは置いていってしまう方法です。たとえば、給食当番が移動するときに、「全員がそろうのを待つ」ようにしていると、遅いほうが楽です。「遅い者勝ち」の状態になります。だから遅い子どもは置いていってしまいます。ただ、進行のスピードはゆっくりにして、追いつくことができる程度にします。そうすると、遅い子どもは「待って〜」とあわてて追いかけてきます。そこで「遅れないようにしなさいよ」と一言注意します。

②制限時間をつくる

制限時間を設けるのも、よい方法です。全体の時間ではなく、「個人」の時間をはかります。

「給食当番のエプロン着替えに、時間がかかりすぎです。何分で着替えることができますか」と尋ねて、制限時間を設定します。

「では、2分で着替えられるか、やってみましょう。はじめ」というようにして、間に合うかどうかを見ます。

2分経ったところで、「間に合った人、すばらしい！　それでは行きましょう」というようにして出発します。これであれば、がんばった人が報われます。

③自己申告させる

「今日、給食当番が出発するときに整列できていなかった人、立ちなさい」

該当児童を立たせて、なぜ遅れてしまってはいけないのかを伝え、一人一言ずつ反省の弁を述べさせます。

④自覚させる

「整列が遅いです」と注意しても、自分のことだとわかっていないことがあります。③のように「今日、給食当番が出発するときに整列できていなかった人、立ちなさい」と言っているのに、立たないようなことがあります。

「自分は、間に合ったと思う人？」と言うと、みんな手を挙げてしまうのです。

そういうときには、周りに意見を尋ねます。「そうですか。では、周りの子も間に合ったと思う人？」と聞くと、手を挙げません。周りの子どもができていないことには気づいていますから、シビアな評価を伝えてくれます。

「自分はできていると思っているけど、周りから見ると、それはできていないんだよ。自分に甘い人がいますね」というようにしてたしなめます。

できている子どもが報われて、できていない子どもに反省を促すような指導方法を目指したいものですね。さまざまな指導を試してみましょう。

★4——過失は責めて、失敗は責めない

◉その失敗は責めるべきなのか

学校生活を送る中で、子どもたちは失敗をしてしまいます。
「失敗」とはいえ、責めるべきことと、責めてはならないことがあります。
叱ってはならないこともあるのです。
では、その線引きはどのようにすればよいのでしょうか。
たとえば、学年行事で集合することを伝えているとき。

A 「集合場所を間違えていて遅れた」
B 「集合することそのものを忘れ、ボーッとしていて遅れた」

このような、2種類のミスがあります。
どちらを、より厳しく叱るべきでしょうか。

ここで考えたいのは、「**技術的エラー**」と「**規範的エラー**」という考え方です。

安全文化に関する本や論文を多数書いているシドニー・デッカー博士は、「技術的エラー」と「規範的エラー」を区別すべきであると主張しています。

技術的エラーとは、専門職の実務者が、行うべき職務は果たしたものの、その結果が要求される水準より低い場合を指します。

一方で、規範的エラーとは、職務として与えられた役割や義務を果たさないものです。

たとえば、子どもが集合場所を考えて移動して失敗するのは、技術的エラーです。経験と共にミスの頻度と重大性が減じていくのだから、この種のエラーが起きるのは容認するべきなのです。

一方で、自己都合で遅刻してくるのは、規範的エラーです。これについては、何回くり返しても、よくなることはありません。厳しく注意するべきということがいえるでしょう。

「集合することそのものを忘れ、ボーッとしていた」

これは、規範的エラーです。できることを、やろうとしていなかったのです。

厳しく責めるべきでしょう。

「集合場所を間違えていた」

彼・彼女なりに、何とかしようと努力した結果、失敗してしまったのです。

これは、責めるべきではありません。次回から気をつけるように口頭注意でよいでしょう。

努力した結果、失敗したものに関しては、容認する。

ただし、努力すらしていないものに関しては、厳しく取り締まるべきである、ということです。

◉どちらの失敗なのかを考える

この考え方だと、さまざまなことが見えてきます。

たとえば、意見を発表したけれども、間違えてしまった。

これはどうでしょう。技術的エラーですね。

では、規範的エラーとはどんな子どもでしょうか。

これは、黙っている子どもです。答えは明らかにわかっているのにもかかわらず、発表しようとしない。人に伝えようとしない。話し合いのタイミングなのに、やろうとしない。そういう行動を見せる子どもこそ、叱るべきなのです。

技術的エラーと規範的エラー。

この2つがわかっているだけで、ずいぶん子どもへの指導の仕方が変わってくるはずです。

子どもに指導する際の指針にするとよいでしょう。

技術的エラー　行うべき職務は果たしたものの結果が要求される水準より低い場合

規範的エラー　職務を果たさない

★5――学級のボスを指導する

◉ボスと向き合う5つの方法

「守る学級経営」においては、学級の一部あるいは全体を支配するような力をもっている子どもがいることがあります。

いわゆる、学級のボスです。

ボスは、学級集団の機能に大きな影響を及ぼします。

よい方向に向かえばよいのですが、悪い方向に進むとき、その存在が学級集団の教育効果の妨げになることもあります。

ボスは、教師に対しては調子のいい場合もありますが、教師に対して反抗して、自分のいいなりにしようとするときもあります。

そのようなボスの存在を教師が無視したり、指導を避けたりしてしまうと、ほかの子どもからの不信感を招きます。

そうなると、ほかの子どもにも指導が行き届かなくなり、学級崩壊が進行してしまいます。

では、どのようにボスを指導すればよいのでしょうか。5つのポイントで考えていきましょう。

①ボスに接近する

休み時間の会話や遊び、当番や係活動に、さりげなく教師も参加します。

何気なく、自然な感じでボスと接触する機会を多くします。

ボスの存在を敵視するのではなくて、ボスを理解しようとするのです。

そうやって教師に対する警戒心を和らげさせていきます。

ただし、ほかの子どもから特別扱いしているように見えないよう、配慮することも必要です。

②話し合いの機会をもつ

なかなか教師と接触しようとしないボスもいることでしょう。

そういう場合では、ボスの子どもの好きなものや趣味の話から会話をはじめましょう。

「私もマイクラやっているんだけど、A君はどんなものをつくってるの?」など、ゲームや動画やスポーツなど、本人の関心をもっていることを調べ、共通点をつくり、心を開かせていくようにしたいところです。

③ボスに役割を任せる

多くの場合、ボスにはエネルギーがあります。そのエネルギーを前向きなことに生かせるように、役割を任せていきます。

班長や、係活動の企画、体育大会の応援団長など、集団に貢献できるような役割を与えます。

感情のコントロールの苦手な子どももいるので、うまくできない場合もあるでしょう。フォローしながら任務を遂行できるようにしましょう。

④反省を促す

このような指導と平行しながら、よくできたことをほめつつ、問題行動について自分で反省させるようにもっていきます。

「学級委員として、よくやってくれているよ。おかげで、学級みんなが心地よく過ごすことができている。一方で、今日の君の行動については、どうだろう」というように、本人に考えさせながら指導をしていきます。

⑤あたたかさと厳しさをもつ

ボスには、関係をつくりつつ、配慮ある指導をします。

ただし、教師には、一線を越えたら一歩も譲らないという厳しい姿勢も必要になります。

ほかの子どもの人権を脅かすような行為に関しては、きちんと厳しく指導しましょう。


普段の生活の中で「自分のことを認めてくれている」と感じさせていられたら、厳しい教師も受け入れられることでしょう。

教師には、あたたかさと厳しさが必要です。

その場に応じたあたたかさと厳しさの使い分けが、ボスの指導のカギになります。

★6――ボスの側近を指導する

◉側近に勢力を広げさせない

ボスの周りには、だいたい数人の取り巻きのようなメンバーがいるものです。

ここでは、「側近」と呼ぶことにしましょう。

側近は、1人では大きなことはできないけれども、ボスの保護のもとでは、大胆なことまでやってのけてしまいます。

そしてボスは、この側近がいることによって、大きな力をもつことになります。

ボスに対する指導とともに、側近に対する指導もやっていかなくてはなりません。

問題行動があったときに、指導することがあるはずです。その際に、個別で次のような指導を行っていくとよいでしょう。3つの手順に沿って考えていきましょう。

①自覚させる

この子どもたちが非行に走るとき、多くの場合、ボスの意志を受けて行動していることが多いものです。「ボスがやれと言ったからやった」「ボスがやってるから自分もやった」というように、ボスの言動に影響を受けて行動しているのです。

ここでボスを非難してはなりません。ここで側近にボスのことを悪く言うならば、間違いなくその言葉はボス本人に届きます。そうなったときに、教師とボスとの関係は悪化します。

これを避けるためにも、側近には自分のあり方について考えさせるようにします。

「A君が言ったからやったと言うけれども、彼が言ったことは何でもするのかな?」

「自分の気持ちとはちがうことをやったということですね。そんな自分について、どう思う?」

このようにして、ボスに追従するようなあり方をふりかえらせ、自覚させていくようにするのです。

②ボスから独立させる

この指導を続けることで、ボスに追従することなく、自らの意志で行動しようとする気持ちをもたせます。仲良くしてはいけないということではありません。悪い誘いを断れるようにしなくてはならない、ということです。

でも、ボスから独立しようと思っても、ボスが暴力的であったり、強迫することもあるでしょう。そのことについては、ボス側を指導します。

側近には、教師が味方であることを適宜伝えておきます。それで、ボスの問題行動の誘いにはのらないように勇気づけ、約束するようにします。

③交友関係を広げさせる

ボスと引き離すわけではありませんが、ボスとばかり一緒に過ごしているような状態は避けたいところです。班活動や係活動などの活性化をはかります。そして、側近の子どもたちがボス以外とかかわり、仲を深めていけるように工夫したいところです。

◉ボス・側近以外の子どもに対する学級の指導

ボスとなる子どもが学級内で勢力を発揮できるのは、学級集団がボスの問題行動を許容しているからです。対抗する人や、批判する力がないのです。

たとえば、ボスが反抗的な態度を示したとして、気の強いほかの子どもが「やめなよ！　それはダメだよ！」と言うのであれば、それは大きな問題にならないのです。

つまり学級には、ボスや側近の問題行動に対して許容しない雰囲気をつくっていかなくてはならない、ということになります。

帰りの会の際や、班会議、学級会などにおいて、問題行動について話題にあげていきます。

ボスの問題ばかりにならないようにしなくてはなりません。日頃から、さまざまな問題に触れておきます。

「帰りの準備が遅い人が多い」とか「忘れ物が多い」とかの中に、ボスおよび側近の「暴言を吐く人がいる」などのような問題を含む、ということです。

ボスの圧力をおそれて話をするのに躊躇する子どももいるかもしれません。ただし、学級の活動が組織として機能していれば、その弊害は防ぐことができるでしょう。

ボスが存在していると、ついその指導に気をとられてしまい、ほかの子への指導がおろそかになりがちです。でも実は、そこをおろそかにすることが、ボスの悪影響を広げる原因ともなります。

ボス以外の子どもたちを健全に育てていくことが、ボスを学級集団の中で適切な活躍をさせるための近道になるのです。

★7――ダメ出しではなくヨイ出しする

◉よいところを取り上げる

基本的なことですが、学級指導は「できているときに認める」「できていないときはスルー」が鉄則です。特に、「守る学級経営」においては大切にしたいところです。

なぜかといえば、「守る学級経営」にあたっては、「できていないとき」のほうが圧倒的に多くなっている。できていないときに、「ちがう!」「そうじゃない!」と言われ続けていれば、関係が悪くなり、子どもにとっても何をすればいいのかわからなくなってしまいます。

一つのゲームを想像してみましょう。

真っ暗な中を進んでいくゲームです。

進む方向を間違えてしまうと、音が鳴ります。

あなたはまっすぐに進んでいきます。

途中で、「ビー」とブザーがなります。「こっちじゃなかったんだ」と、方向転換して、行き先を変えます。すると鳴らない。

途中でまたブザーが鳴る。

また方向転換をして進む。

そうやっていると、いずれゴールにたどり着くことができます。

きちんとできている子どもは、ブザーによって注意を促されると、正解にたどり着くことができるのです。


一方で、めちゃくちゃな進み方をしている子どもがいたとします。

右へ左へ、完全にルートからはずれてしまいました。


「ビー」「ビー」「ビー」


ブザーは鳴り続けています。永遠に鳴り続けます。

「そっちじゃない」という合図がひたすらに鳴り続けていて、どちらへ進めばいいのかわからない状態です。

でも、よく考えてみると、このブザーに意味はあるでしょうか。

どの方向に進めばよいのか、さっぱりわかりませんね。

この場合であれば、逆に正しい方向に進んだときに、「ビー」と鳴るようにすればいいのです。それ以外は鳴らないようにする。

こうすれば、子どもにとって「ああ、そっちへ向かえばいいんだな」とわかるわけです。

この例と同じように、「守る学級経営」においては、子どもたちの過ちは、見過ごせる範囲は見過ごしましょう。

それよりも、できたときに「それがいいね！」とか「今日の動きは最高だったな」と認めることです。**ダメ出しではなく、ヨイ出しをしていくようにするのです。**

こうすることで、「そうか、そっちの方向に進めばいいのか」というのが伝わるのです。

よいところが見つかるようになってくると、「失敗することもあるけれど、大半はうまくいっている」という前向きな考え方にすることができます。

「**ダメ出し**」ではなく「**ヨイ出し**」をしていくようにする。

★8――主導権を握る

◉教師が学級の主導権を握る

学級全体を動かすためには、主導権が教師にあることが重要です。

教室が騒がしい状態で注意しても「うるさいなあ……」と反抗されるようであれば、それは主導権が子どもの側にあるのです。

特に「守る学級経営」においては、教師が主導権をもち、学級を正しい方向へ導いていかなければなりません。

①子どもの反抗にのらない

子どもが反抗してきたり、挑発してきたりしたとして、それに対して「なんだその態度は！」と動いてしまっているようでは、それは教師が子どもに振り回されていることになります。

子どもが反抗するようであれば、何かしらの理由があるのでしょう。

全体の前は避けて、個別に話を聞くようにします。

家庭でのストレスがあったり、人間関係の悩みを抱えていることもあります。
そういう本人の困り事を聞き出して、場合によっては相談にのるようにします。

②子どもの気まぐれに応えない

子どもは「宿題を少なくしてよ」とか「時間があるんだから遊びをしようよ」などと言うことがあります。

「守る学級経営」においては、このような要望に応えると、子どもに主導権を握られてしまうことがあります。

そうなると、「今日もやろうよ！」「エー！　遊びたいよー！」というように、子どものわがままが頻発するようになります。

学級のかじ取りが難しくなるのです。

だから、子どもの言いなりにはならないようにします。

教師の思うタイミングで、「時間があるので、楽しい遊びをしましょう」というように伝えてアクティビティを始めるようにします。決定権は教師にあるというスタイルを貫きます。

③カウンセリングマインドは適度にする

「カウンセリングマインドを大切に」とは、大学なんかでよく言われることではありますが、必ずしもそうとは限りません。

カウンセリングマインドを発揮するということは、子ども側が主導権を握っていることになります。

もちろん、悩んでいる子どもには寄り添う必要があります。しかしながら、わがままな態度に寄り添うと、それは甘えを助長することになります。

子ども「今日は、勉強がやりたくないんだ！」

先　生「そうか……やりたくないんだね……」

このような事態になってしまいます。カウンセリングマインドをもつことは大切ですが、あくまでも「適度」にしておくように気をつけましょう。

コラム3

学級の状態を学年の先生に報告する

学級担任を任されていると、「何でも一人でやらなければ」「一人で解決しなければ」と考えがちなもの。ほかの先生の力を借りることを恥ととらえてしまう先生が多く見られます。

でも、特に経験が浅いうちは、同僚や、先輩教師の力を借りなければうまくいかないことも起こり得ます。逆に、相談さえすればうまくいくようなことも結構あるものです。

わからないことや悩みがでるのは当然です。素直に教えてもらいながら力を借りるのが、結果的にクラスのためになると考えましょう。

とはいえ、あらたまって「どうしたらいいでしょうか」と相談するのは、実際言い出しにくいものです。

そこで、学年の先生での打ち合わせのような、学年会の場で報告しておくようにするとスムーズです。

「最近、○組のAとBが反抗的な態度をとっていて、手を焼いている状態です。現在は、どうしてそういうことを言うのか、個別に話を聞くようにして対応しています。よくない言動が見られたら、先生方も注意してもらえると助かります」

このような言い方であれば、それほど心的なプレッシャーなく、報告もできるし、いざというときの助けも求めやすくなります。

そのほかでも、指導に不安があったり、自信がもてないことがあれば、積極的に学年主任や先輩教師に指導を仰ぐようにしてみましょう。

この仕事のいいところは、どの先輩も「教えたがり」であるということです。

教える仕事をしているわけですから、助けを求められたら喜んで相談にのってくれる人が多いものです。

助けを求めることを恥ずかしがる必要はありません。

応援を要請することは、クラスを守ることになり、自分自身を助けることとなり、学年の風通しをよくすることにつながるはずです。

第四章

授業で学力を保障する

★1——箇条書き的に話す

◉一文をできるだけ短くする

わかりやすく説明しようと思うのであれば、**「できる限りしゃべらないようにすること」**が大切です。

これは、子どもに指示を出すときもそうですし、授業をやっている中でもいえることです。子どもたちに話す場合であれば、どんな場面でも適用できるものです。

「聞き取る」というのは、子どもにとってかなり難しいことなのです。

今の時代では、動画に字幕もついています。

日常生活の中において、聞き取る練習はできていません。

だから、聞き取りやすいように話すというのは、子どもたちを動かすときのもっとも重要な点になるということができるのです。

では、聞き取りやすいように話すには、どうすればいいのでしょうか。

それは、まず話す量を減らしましょう。

よけいなことをつけ加えたりしない。

「思いつくままに話す」というのは、やってはなりません。

特にキケンな言葉は、「それから」です。

「それから」と言っているならば、かなり話し方が下手であることを自覚しましょう。

なぜなら、「それから」は付け加える言葉であり、まとまっていない文章であることを明らかにしているからです。要するに、その話は思いつきなのです。

たとえば、こんな話し方が当てはまります。

> 「今から、この公園で遊びます。とても広い公園ですね。先生の見えるところで遊ぶようにしてください。トイレは、自分たちで考えて行くようにして、二人以上で、行きましょう。笛の合図が聞こえたら、集合しなさいね。それから、ゴミを決して散らかさないようにしなさいね。ああ、それから、遊具で遊ぶときは、押し合ったり、ケンカしたりしないこと。いい？　いいですね？　それでは、いってらっしゃい。」

こんな話し方をする教師の言うことは、子どもは半分以上も聞いていられません。せいぜい、「広い公園ですね」というところについて、「ああ、そうだな」と思うくらいではないでしょうか。

何が言いたいのかがよくわからないし、覚えられないのです。

わかりやすい話し方のよい例は、「箇条書きのように話す」という方法です。

「気をつけてほしいことを3つ話します」

このような話し方が、一般的です。

3つというのは、多すぎず、少なすぎない、ちょうどよい量といえます。

いくつか話すべき内容があるとしても、3つにおさえることです。

そして、一文をできるだけ短くします。

長くなりそうならば、短く2つに分けるようにするのです。

先ほどの話を修正してみましょう。

「今から、この公園で遊びます。遊ぶときの注意を3つ言います。1つ目は、先生の見える範囲の中で遊ぶようにします。2つ目。トイレは、2人以上で行くようにすること。3つ目。遊具で遊ぶときは、譲り合って使うようにしましょうね。では、笛の音が聞こえたら、もう一度ここに集合します。いってらっしゃい。」

このように、箇条書きのようにして指示をすると、子どもたちは、「これが1つ目の話なんだな。これが2つ目なんだな……」というように、見通しをもって聞くことができるのです。最後まで聞くことができるので、子どもには不安がなくなります。そして、安心して動くことができるようになるのです。

話をするときには、箇条書き的に話すように心がけてみましょう。

★2——不要な音を出させない

◉勉強をするには「静けさ」が不可欠

教室で、黙って作業するときや、子どもに話をするときに、音が鳴っていると問題です。鉛筆をカチャカチャ鳴らす音、となりの人とのおしゃべりなど、音が鳴ってしまっていると、教室の空気が乱れて集中力をそがれる状態になってしまいます。

「些細な音は仕方がない」と、寛容になるべきではありません。不要な音が鳴っているということは、授業に参加していない子どもがいることの表れです。

集中をそらせてしまうものは、何であったとしても、よくないのです。

外で草刈りをしていたり、演説カーが走っていたりすると、それだけで子どもたちは気をとられてしまって、授業に集中できないものです。音楽を聴きながら勉強することでさえも、学習成果をそいでしまうという研究結果がでています。

集中とか勉強や学習という観点からいうと、静かで、外からの刺激のない環境がよいのです。

一番いいのは、図書館のような環境です。エアコンのブーンという音くらいしか鳴りません。

ほかのどんな物音も鳴らないようにされています。**勉強をするには、「静けさ」が不可欠なのです。**

では、どのようにすれば、教室は静かになるのか。

不要な音というのは、きっかけがあって、徐々に広がっていくことが多いものです。

集中するべき場面で静かにできていないならば、その子をたしなめましょう。

これを放っておくと、ほかの子どもにも「私も音を立てていいんだ」「ぼくもしゃべっていていいんだ」という雰囲気が生まれてしまって、授業が乱れたものになってしまいます。

肝心なのは、「出だし」です。

作業の開始時点でガチャガチャしていると、作業中もガチャガチャしてしまうもの。

一方で、シンとした環境から始めると、そう音を鳴らそうとするものではありません。

「待っていれば、次第に静かになるはずだ」というように待っていると、騒がしい雰囲気が続いてしまうことになります。いったん全員の活動を止めて、真剣に取り組むことを促します。

雰囲気づくりには、慣性の法則のようなものがあって、続けようとするものなのです。だから、静かな環境をつくりたければ、活動のはじめに気をつけるようにしてみましょう。

★3 ――「教えて考えさせる授業」のススメ

◉問題解決型学習の問題

現在では、主体的に学習を進めることが求められています。

教師がやり方を教えるような、いわゆる「教え込み学習」というのは、あまり行われません。

教師が知識を与えることは、自ら考える力を育てることにはならないと考えられていることがあります。

それで、いわゆる「問題解決型学習」といわれる授業のやり方が行われるようになっています。

「問題解決型学習」の授業には、次のような特徴があります。

・授業中に教科書は閉じている
・予習は促さない
・「○○のしかたを考えよう」という呼びかけで始まる
・新しい概念は教師から教えず、具体的探究活動を行わせて、そこから帰納的に導かせようと

する

・多様な考えを出すことを促す

その背景には、「同じ情報を聞かされるよりも、自分で発見したほうが、より深く理解できる」ととらえられているところがあります。

確かに、自分が何かに没頭して考えれば、そこでの思考は深いものになります。もしも子どもが自ら何らかの問題を解き明かすことができたならば、確かにその経験は記憶しやすいものになることでしょう。

しかし、これは「神話にすぎない」ということも明らかになってきています。

・活発な情報処理を自分たちでした場合
・先生が教え込むような習得指導をした場合

これら2つの方法では、学習の質に差がないという研究結果があります。

何よりも「事実を調査し、発見する」ということ事態が、子どもにとって大きな負担です。

発見するまでの過程で疲れてしまって、明らかになった情報を理解するための知的能力を損

なってしまうことが起こり得るのです。

たとえば「筆算のやり方を考えよう」という授業の例でいうと、計算のやり方を色々と考えて、そこで力を使い果たしてしまい、実際に効率のよい計算のやり方を覚える段階では、もう力が残っていないということがあるのです。

むしろ、自ら考えさせた結果、我流の誤ったやり方を習得してしまって、修正することに時間がかかることもあるものです。

問題解決型学習は、ほかにも、次のような課題があげられています。

・既習内容を扱っていたとしても、わからない子どもがいる
・塾や予習で先取り学習をしている子どもは興味を失う
・多様な意見が出過ぎてしまって、教師が扱いきれない
・わからない子どもは、どうすればいいのかがわからなくなる
・自力解決や話し合いにほとんどの時間を消費してしまって、教師の説明の時間がなくなる
・教科書を開かずに授業を受けることになるため、考え直す手立てが乏しくなる
・高いレベルの問題にまで行き着かない

◉器械運動の授業例

器械運動の指導で考えてみましょう。たとえば、「さかあがりのやり方を考えてみよう」という発問をした場合であれば、子どもたちはどう考えるのか。

できない子どもの中には、「思いっきり助走をつけるといいんじゃないか？」と考える子どもがいます。

それで、運動場の端から全速力で走ります。ほかの子どももマネをすることになります。

ちなみに、「さかあがりで助走をつける」というのは技術として大きな誤りです。

助走をつけると、勢いが前方に向いてしまって、上方向に上昇することができなくなるのです。

全体を集めて、出てきた意見を集約すると、結局助走をつけずに実施することになりますが、何回もくり返してやってしまった子どもは、もう「助走をつければよいのだ」と間違って覚えてしまっていますので、いつまで経ってもできるようになりません。

そのような授業展開をする場合では、教師から「助走をつけるのはいけませんよ」と教えることははばかられるものです。

だって、子どもたちが試行錯誤した末に、先生が時間をたっぷりとって詳しく説明を始めたとなれば、それは不自然でしょう。子どもの立場からすれば、「だったら先生、はじめから教えてくれればよかったじゃないか」となってしまう。

結果として、誤った技能を覚えてしまい、「教えずに考えさせる授業」では、できない子どもを多く生み出してしまうようになるのです。

◉教えて考えさせる授業

東京大学の市川伸一先生は、「**教えて考えさせる授業**」を提唱しています。

教科書を開けば出ているような基本的な事項については、教師が共通に教えます。子ども同士の相互説明や教え合い活動などを通じて理解の確認をはかります。そのうえで、さらに理解を深める課題によって問題解決や討論などを行います。

さらに、授業の最後には、今日の授業でわかったこと、わからないことを自己評価として記述させるようにします。この流れを、「教えて考えさせる授業」の基本としています。

なんだか当たり前のような授業に感じてしまいますね。

そうなんです。普通の教え方です。ヨガでも水泳教室でも、通常であれば「教えて考えさせる授業」が行われているものでしょう。習字教室に行って「字の書き方を考えてみよう」なんて言われたら、不満を感じてしまうのではないでしょうか。

◉教えて考えさせる鉄棒授業

「教えて考えさせる」と聞くと、なんだか教え込み授業を想像してしまいますが、ここでの教えるというのは、そういうことでありません。

教師主導で説明をしますが、子どもと対話や、発言や挙手を通じて理解をはかります。

たとえば、鉄棒授業でいうと、次のようになります。

教師がさかあがりのやり方をやってみせます。そして、「助走は、つける方がよいのか、つけない方がよいのか」を考えさせます。蹴る方向は、前方がいいのか、ななめ後方がよいのかを考えさせるようにします。ポイントを限定的にすることにより、どこに着目すればいいのかがわかるようにするのです。このようにして教えれば、わかりやすくなります。

そして、できるようになった技を組み合わせて、演技を考えます。

ここは、自由なのです。

考えさせる時間に、たっぷりと時間をとるようにします。身につけた知識技能をどのように活用するか、時間をとって考えさせるようにするのです。

問題解決型学習は、「子どもに主体性をもたせるような学習課程」であり、一見すれば美しい

ものなのですが、別の視点から見てみれば、非生産的な努力を要するといえます。

特に、能力の低い子どもは、「教え込みの授業よりも自ら発見する授業を好むけれども、そこからあまり学習しない」ということが確認された研究もあります。

つまり、「教えずに考えさせる授業」ばかりを続けていると、能力の低い生徒と高い生徒の間の知識の差が大きく開いていく傾向があるのです。

◉なぜ「教えずに考えさせる授業」が広まっているのか

それではなぜ、ここまで「教えずに考えさせる授業」が広まっているのか。

その理由は、「準備をやらなくても成立する」という点にあるのではないかと考えられます。

本質的な意味で問題解決型学習を扱おうとするならば、相当な準備が必要です。

さかあがりについて深く研究し、子どもからうまく引き出すように発問をつなげられたなら、子どもたちは自分たちでポイントを導き出したと感じて、それがたしかな力になるわけです。

ただ、極端な話をすれば、「さかあがり」に関する知識がまったくなくても、問題解決型学習のようなものは実施できてしまいます。問題解決風学習とでもいえるでしょうか。

子どもたちに試させて、「どうやればうまくできるか意見を出し合ってみよう」と言うだけでいいのですから、教師の準備がなくともできてしまうのです。

教師は多忙なものですから、その忙しさに合わせてこの授業スタイルが広まってしまったという見方もできるのではないかと考えています。

◉「問題解決型学習」にこだわらない

ここでいえることは、「何もかも教師主導で教えよう」ということではありません。

子どもの学習能力に課題が見られるのであれば、「問題解決型学習」と「教えて考えさせる授業」の割合を考慮したほうがよいということです。

主体性を重んじるあまりに、問題解決型学習ばかりさせていたら、知識技能の獲得ができなくて、自己肯定感の低下にもつながります。

特に、「守る学級経営」においては、学力の低さや格差によって問題が生じることが大いにあり得るわけですから、問題解決型学習に難しさを感じているようならば、授業づくりを根本的に見直してみるとよいでしょう。

「問題解決型学習」が主流になっているからといって、そればかりをやらなくてもいいのです。

「教えて考えさせる授業」も、要所を見て取り入れていくとよいのではないでしょうか。

★4——スキマ時間をつくらない

◉スキマ時間を予想する

教師がプリントを配る間とか、早く活動が終わった後などには、ちょっとしたスキマ時間が生まれます。スキマ時間というのは、たとえば次のようなものを指します。

・授業の問題がはやく解けてしまってやることがない
・先生が丸つけしてくれる列に並んでいるけど、なかなか進まなくてやることがない
・先生がプリント配布しているけれども、待っている間にやることがない

スキマ時間が生じると、教室がガチャガチャと騒がしくなります。スキマ時間に耐えられるような心持ちを育てることはむろん大事なことですが、「守る学級経営」においては、そんなことは言っていられません。対策は、たった一つです。

「スキマ時間をつくらないこと」

これに限ります。

「そんなこと言っても、プリントを配る間は待ち時間が生まれるのは仕方ないじゃないか」と思われるかもしれません。

本当でしょうか？

たとえば、ノートの書き取りに取り組ませている間に、次に配布するプリントを配ってしまうようにする。そうすれば、待ち時間はありませんよね。

子どものノートを見るのは、1問だけにしておく。それなら、行列もできません。

どんな場面にも、どのようなスキマ時間が生じるのかを予想しておきます。

その時間で何をさせるのかも考えておくようにするのです。

文章が書けた子どもには、自分の考えをよりわかりやすく伝えられるように、図や絵などを描いたりするように伝えます。授業中に資料を配布する際には、その間に学習のポイントを2人組で話し合わせるようにするのもよいでしょう。

◉時間の構造化

ではなぜ、スキマ時間をつくると、教室が荒れてしまうのでしょうか。交流分析の理論から考えてみましょう。交流分析では、人が複数人集まった場合には、どんな状況下であったとしても、次の6種類の過ごし方をするといいます。

①引きこもり

「ボーッとしてよう……今日の給食は何かなあ……」

ほかの人から、身体的心理的に離れて、自分の世界に入っているという時間の使い方です。授業中に身体的に離れるのは困難なので、授業中に活動せず、空想に浸っているような状態がこれにあたります。

②儀式

「形だけ、勉強しているフリをしよう」

お互いにわかりあったやりとりをする時間の使い方です。決められた形式に従うだけで、他人と深くかかわることなくお互いを認め合うことができ、人間関係をスムーズにする働きがあります。

③暇つぶし

「友だちと、昨日観た動画の話でもしていよう」

興味をもつことを紹介し合ったり、最近の話題について意見を交換するなど、自分で行動するのではなく、「～について話をする」という時間の使い方です。何か問題を解決したり、生活的な事柄には結びつきません。

④活動

「もう1回計算を解いてみよう」

何事かを達成するための時間の使い方です。授業中の課題を解いたり、友だちと問題を解決するために話し合ったりすることを通して、友だちとの深い関わりが得られます。

⑤ゲーム

「消しゴムのカスを、友だちの頭に当ててやれ！」

きまって後味の悪い思いで終わるパターン化したやりとりです。密度の濃い人との関わりが得られます。ただし、ネガティブな方向のものです。

⑥親密さ

「友だちに感謝を伝えよう」

信頼と愛情に裏づけられた率直な深い交わりの時間です。心を許し合ったやりとりが行われ、真の要求と感情の交換が行われます。

授業中は、教室に複数人集まっています。

暇な時間ができるとすれば、子どもたちはいずれかの方法をとることになります。

やっかいなことに、荒れている学級では⑤のゲームを選ぶ子どもが多く表れます。

なぜそうなるのかというと、人との関わりの刺激が得られるからです。

先ほどの6種類の時間の構造化の要素は、⑥に進むほどかかわりの刺激が大きくなります。

ゲームというのは、「親密さ」に次いで2番目に強い刺激が得られるのです。仮にそれで先生から叱られることになったとしても、何もない時間よりもよっぽど充実感を得ることができてしまうのです。

だから、「守る学級経営」の授業中には④「活動」を多くして、できるだけスキマ時間をつくらないようにするのがよいのです。

◉余るくらいに教材教具を準備する

「守る学級経営」の授業づくりでおそろしいのは、空白の時間が生まれることなのです。子どもにとって、やることのないスキマ時間があるのであれば、それは無の時間であり、子どもは充実感を求めて「ゲーム」を始めてしまうことでしょう。

そうならないようにするために、いつでもできる教材や教具を準備しておきたいところです。

低学年であれば、読み聞かせの本のストックがあるとよいでしょう。あるいは、アクティビティを用意するのも得策です。

中学年では、友だちと関わるようなアクティビティがよいでしょう。

高学年では、学習を含んだワークシートを用意しておくと、子どもも知的に楽しむ時間を過ごすことができます。

「使うかどうかはわからないが、いざというときの用意がある」というのは、心の支えにもなります。備えさえあれば、「早く授業が終わってしまったらどうしよう」という不安から逃れられるのです。変に時間を引き延ばす必要もなくなります。

教材や教具は、余るくらいに準備しておくようにしましょう。

時間の構造化

人が複数人集まった場合には、６種類の過ごし方をする。

❶ 引きこもり（刺激は最小）

自分の世界に入る

❷ 儀式

決められた形式に従う

❸ 暇つぶし

問題を**解決しない**意見の交換

❹ 活動

何事かを**達成しよう**とする

❺ ゲーム

後味の悪い思いで終わるやりとり

❻ 親密さ（刺激は最大）

信頼と**愛情**に裏付けられた深い関わり

❻になるほど人との関わりの**刺激**が大きくなる

★5——誰でも手を挙げられる発問から始める

◉発言のハードルを下げる

あなたの学級では、どれくらいの子どもが手を挙げるでしょうか。

「同じ子どもばかりが手を挙げている」というのであれば、子ども主体の授業がつくれているとはいえません。誰もが参加できるような授業づくりを心がける必要があります。

授業名人として名高い有田和正先生は、**「誰でも手を挙げられる場面をつくる」**ことを推奨しています。

授業を工夫しようとすると、難しすぎる発問をしてしまい、子どもの手がほとんど挙がらないようなことがあるものです。

特に、出だしで手を挙げられなければ、その後もなかなか挙げられません。

だからこそ、はじめのほうには、「どんな子どもでも答えられる」ような問いをいくつか用意しておくとよいのです。

たとえば、グラフについて読みとっていく場合で考えてみましょう。

「このグラフには、どのような変化がありますか?」と尋ねるのは悪手でしょう。

グラフからはさまざまな変化がとらえられますが、ハードルが高い。難しすぎるのです。

そこで、このように尋ねます。


「このグラフのタイトルは何ですか?」


このレベルであれば、教科書にタイトルは書いてあるわけですから、誰にだって答えられます。

ほとんどの子どもが手を挙げることになるでしょう。

はじめは、全員が反応できるような初歩的な発問をするのです。

これをきっかけとして、「そうですね。これは自動車の生産台数のグラフなのです」というように、学びの入り口に誘導します。

そこから、徐々に難しくしていきます。


「縦の軸は、何を表していますか」

「横の軸は、何を表していますか」

いくつか発問を重ねた後で、「このグラフには、どのような変化がありますか？」と問いかける。これであれば、もう十分に空気は温まり、さらにグラフへの注目が高まっているので、手を挙げやすい環境が整います。

さらに、クラス全体の雰囲気としても、「学習に参加している」感覚が生じるようになります。**このような初歩的な発問では、ふだん手を挙げないような子どもを特に指名して、オーバーにほめ、やる気を刺激します。**

問いかけのレベルを、あえて参加意識の乏しい人にフォーカスします。それには何よりも、入り口が大事なのです。

1回目の発問で手を挙げられた授業と、1回目の発問から手を挙げられなかった授業とでは、子どもの意識に差が生まれます。

だから、授業の出だしでは、誰でも参加できるような簡単な発問から始めるのがよいのです。

★6——最初の発言をほめる

◉一人目の勇気をたたえる

授業を開始しているのに、なかなか手が挙がらないときがあります。
多くの場合は、教師の発問がまずいとか、教室に緊張感があるか、どちらかです。
少し待ってみると、一人の子が自信なさげに手を挙げました。
指名してみると、小さな声で答えました。でも、その答えは誤りでした。
みなさんなら、どのように声をかけるでしょうか。

このときに大切なのは、ほめることです。
間違いは間違いで、指摘してもよいでしょう。
でも、ほめるべき箇所はいくつもあります。

「誰も手を挙げない中で、一人目になってくれました。すばらしい勇気です」
「間違いをおそれず発表できました。いきなり正解することなんて、できません。Aさんが発表してくれたおかげで、ほかの人も発表できます。ありがとう」
「教室は間違うところです。正しいか間違っているかはわからないけれども、とにかく意見をいってみようとする、その姿勢がすばらしいです」

このようにして取り上げることができます。

問題の正否ではなくて、姿勢そのものに着目しましょう。

このように前向きな言葉をかけることによって、教室全体に「間違ってもいいんだ」というよい雰囲気が生じるようになるのです。

★7――量で区切るか、時間で区切るか

教室で活動をするときに、考慮すべきことがあります。

それは、「量」で区切るのか、「時間」で区切るのか、という点です。

◉原田先生の陸上部での実践

原田隆史先生という中学校教師がいました。荒れた公立中学校の陸上部を13回日本一に導いた先生で、そのメソッドは現在大手企業など、アスリートや社会人にまで影響を及ぼしています。

陸上運動の指導では、多くの学校では練習を「100メートル10本」というように回数や本数で組みます。

そうすると、やる気のある生徒とか、体力のある生徒がきっちりとこなして、早く終わらせます。しかし、体力的に弱ってしまう生徒は、5、6本行ったところでへたってしまいます。そうすると、指導者は「終わった人はあと3本、4本いきなさい」ということになります。そうすると、がんばっていた選手はせっかくがんばったのに、気分がだらけてしまいます。サボってしま

います。

一方で、体力のない選手は「しんどい。やめたい」と思ってしまうようになります。

このように、量で区切ると不幸な練習になってしまうのです。

そこで原田先生が採用していたのが、「時間制」でした。

たとえば、懸垂逆上がりを3分間というメニューを組んで、何回でも自由にやらせます。強い選手は50回、弱い選手は20回ということになります。比較して叱ることはありません。

ただ、50回できた選手には、このように言葉をかけるそうです。

「何回やった?」
「50回です」
「目標は何や?」
「日本一です」
「去年、全国大会で優勝したHは、この時期に3分間で60回やってたで。どうする?」

このような言葉をかけることにより、自分の内側からやる気が出てくるようにヒントを与えるのです。

◉授業の問題も時間で区切る

量で区切ると緩慢になり、時間で区切ると勢いが生じる。

どうでしょう。

教室でも、同じような現象が起こると思いませんか。

たとえば、計算問題をやるとします。

量で区切るとするならば、**「練習問題が8問ありますので、やりましょう」**となります。

通常の進め方といえますね。

賢い子ども、がんばる子どもはすぐにできてしまいます。

遅くできた子どもを待つことになります。

先生は「早くできた子は、まだできていない人に教えてあげましょうね」などと言いますが、時間が余り、ここにスキマ時間が生じてしまいます。

一方で、時間で区切れば、どうでしょうか。

「5分間で、できるところまで問題をやりましょう」とします。

そうすると、できる子どもは8問まで取り組みます。遅い子どもは、2問とか3問に取り組むことになります。

それで、時間がきたら、できたところまで答え合わせをするということになります。

これだと待ち時間は発生しません。

遅い子どもは全問解ききることができていませんので、解き終えた問題数に差は生まれます。

これに関しては、算数の問題などは、「すべての問題をやらねばならない」というわけではないのです。

練習できるようにそこに掲載しているだけであり、すべて解く必要はないのです。

どちらの方が授業としてのリズムをつくりやすいのかというと、学級全体の集中力を高めるのは、「時間」で区切る方といえます。

待ち時間が0になるので、常に子どもたちは活動し続けていることになるのです。

たとえば、漢字学習ノートなどは、書くところが決まっていますので、量で区切るしか仕方ないように思えてしまうものです。

でも、「早く終わった人は、空いているところに漢字の練習をやっていきましょう」という指示を加えれば、制限時間の間、ずっと活動に取り組むことができます。

時間で区切ることが可能になるのです。

しかし、「どうしても量で区切らなければならない」という必要のある場合も出てくることでしょう。そういうときは、あまりにも早い子どもと遅い子どもの差が開かないように、問題数を少なくするように心がけるとよいでしょう。

量が多くなればなるほど、時間の差は大きくなります。たとえば算数の計算問題であれば、「2問だけ」を解くようにすれば、ほとんど差は生じないのです。

でも「8問解く」ということになれば、8問まで終わったときに、まだ1～2問目までしか終わっていない子どもがいることになります。課題の量が多くなればなるほど、開きが大きくなってしまい、待ち時間が長くなってしまうのです。

子どもの意欲を保つために、基本的には、量よりも時間で切るようにするとよいのです。

そう考えると、教室にストップウォッチやタイマー（できるだけ大型のもの）を配置することは必須といえますね。

量ではなく、時間で区切る。どうしても量で区切る必要があるならば、その量を少なくする。

これらを心がけてみれば、授業のテンポとリズムがグッとよくなるはずです。

量で区切る

量で区切ると**スキマ時間**が生じる

時間で区切る

時間で区切ると**待ち時間**が発生しない

★8――授業の荒れは子どもの声

◉落ちこぼれの子どもは、「わかりません」と言えない

知覚能力に発達障害のない子どもで、学力のふるわない子どもは「落ちこぼれ」といわれます。まじめに取り組めば、その学年なみに学力が身につけられるにもかかわらず、成績不振のままで学校生活を過ごしています。

このような落ちこぼれの子どもたちは、先生からの援助の手を求めているものです。

でも、「先生、これがわかりません。教えてください」とは言えないのです。

「わかりません」といえるのは高学力の子どもたちなのです。

だから低学力の子どもは、授業中にうろついたり、周りの子どもにいたずらをしたり、何もせずじっとしていたり、おしゃべりに興じたりしているわけです。

これらの行動について、「100マス計算」生みの親の岸本裕史先生は、次のように述べてい

ます。

しかし、これらの子どもの落ち着きない言動や腹の立つ行為は、ことばとしてはうまく出せない、どろどろと鬱積した思いの、その子どもなりの表明なのです。子どもたちは、「先生、ぼくにもすぐ取り組めて、ちゃんとやれるような問題をやらせてください。そして、ぼくにも、やったらできるという自信を持たせてください。少しずつでもいいのです。でも、昨日より今日、今日より明日と、だんだん力がついていくような勉強をさせてほしいのです」ということを、それらの行動を通じて示しているのです。ふつうの子と同じようにやれといっても、今はできないのですと、明確に意思表示しているのです。ただ、そのことを、反抗・怠け・忘れ物・無気力・私語・いたずらといった否定的な言動でしか表せないのです。

授業中の荒れが目立つようであれば、子どもからのサインであると受け止めてみましょう。できない子どもができるようになるためには、何を改善すればよいかを考えるのです。

コラム4

相談役をもつ

あなたは、苦しいとき、悩んでいるときに、相談する人がいますか。

もちろん家族でもいいし、同僚でもいい。相談役は、できれば職場内の、先輩にあたる人がもっともふさわしいところです。学校の状況がわかっており、改善点まで含めて理解してくれるので、解決までの道のりが見えやすいのです。ただ、校内にそのような先輩がいないこともあります。その場合には、学校外に相談する人をつくるとよいでしょう。

私は、新潟県の先生に師事していた頃、辛くなったらその先生に電話をしていました。

当時の私は、クラスの子どもたちに振り回されている状態でした。

特に一人の子どもが悪いリーダーシップを発揮してしまい、まったくうまく関係を築くことができなかったのです。よくない行動を見過ごすようにしていたら、だんだんエスカレートしてしまって、歯止めが利かなくなりました。暴言が飛び交うようになりました。

だんだん、子どもと向き合うこともつらくなってきました。

ほかの学級はうまくいっているのに……

ほかの先生だったら、もっとうまくやるんだろうな……

私は、教師に向いていないよな……弱い人間だ……

何よりも、学級で堪えているほかの子どもたちに申し訳ないな……


そんな言葉がグルグルと頭の中をめぐっていました。

誰にも相談せず、ずっと一人で抱え込んでいたのですが、ある秋の金曜日に、どうしようもなく耐えられなくなりました。心にズーンと石が載ったような状態になりました。

それで、こらえきれずに電話をすることにしました。

フンフンと話を聞いていた先生は、次のように言いました。


「それがふつうだよ。誰だって、そうやって悩む。

一度、その子と真剣に話をしてみればいいんじゃない？

先生は、こう思うんだって。自分の気持ちを、まっすぐに伝えることだよ」


その「ふつうだよ」という言葉が、心にグッと響きました。

そのときの私は、子どもをどうコントロールするかということばかりを気にかけていました。でも、真に子どもの心に寄り添うということは、子どもの気持ちを知って、そのうえで、よりよい方向に導いていくことなのだろうなと感じたのです。

『自分にできることをやろう』と、前向きに受け止めることができました。

翌週には、自分の率直な思いを子どもたちに語りました。子どもたちも、真剣に耳を傾けてくれていました。状況は変わりませんでしたが、そうして、1年間を乗り切ることができました。

つらい状況があるならば、できるだけ誰かに話をしましょう。

教室は、基本的に「子どもと教師だけ」なので、つらい状況なのかどうかというのは、当人にしかわからないのです。誰にも気づかれず、担任が出勤できなくなるほどになってしまってはじめて周囲に認知される……という例が多いのです。だからとにかく、誰かに相談することが大事です。

自分にとっての相談役の人をつくりましょう。

「つらいときは相談させてください」とお願いしておくようにしましょう。

いざというときの相談役の人がいると思うだけでも、心強くやっていけるものです。

第五章

ウソを暴く

★1――子どものウソには理由がある

◉子どものウソを見抜けるか？

子どもは、ウソをつくことがあります。

誰がやったイタズラなのか把握できなかったり、ケンカの原因がわからなくなったりします。直接的にウソは言わないにしても、自分にとって不利な情報を隠すように伝えてくることもあります。

子どもは、どうしてウソをつくのでしょうか。

自分の身を守るためでもあるし、叱られたくないからかもしれません。

教師は、子どものウソを見抜く力を備えてはいません。

適切に統制されたある実験によれば、子どもがウソをついているか真実を話しているかのいずれかであるビデオを教師に視聴させたところ、ウソを見抜いた正解率は60％だったといいます。

教師が子どもとふだん多く接しているからといって、ウソであるかどうかを見抜くことは難しいのです。

教師は警察でも検察官でもないので、ウソを明らかにすることが仕事ではありません。

しかし、ウソを見過ごしてしまうようなことが続けば、それは「イヤなことがあれば、ウソをついてやり過ごせばよい」と教えてしまうことになるわけです。これは教育上よいことではありませんね。

かといって、「君はウソをついたんだろう」と決めてかかるのもダメです。

もしも子どもがウソをついていない場合、子どもを傷つけてしまうことになります。

それに第一、「ウソをついたんだろう」と言って「ハイ、ウソをつきました」と認める子どもは希です。

なぜウソをくり返す子どもがいるのかというと、「ウソをついたことで得をした」という成功経験によるところが大きいでしょう。


ウソは、手軽なのです。物理的には、言葉を発するだけだから、楽なものなのです。

「宿題、やる気がなくて忘れました」と言えば叱られるだろうけど、「やったけど置いてきました」と言えば叱られない。先生が宿題を家まで確認しに行くことは、まず不可能だからです。

だとすれば、言葉を操作して叱られないようにする方が、得策ではありませんか。

「ウソをつくのは簡単だが、これを見破るのは難しい」という法則を活用して、見破られることのないようにウソをつき続けている。

これがウソをつく子どもの「生存戦略」なわけです。

とはいえ、いつまでもウソをつかせていてはなりません。

◉子どもはウソをつく相手を考えている

子どもは、「誰にでもウソをつくのか」といえば、そういうわけでもありません。

巧妙に、「ウソをつく相手」を変えています。

自分の言うことを信じる可能性のある相手にだけウソをついてだまし続けているのです。

ということは「あの先生はだまされない人間だ」と思わせることができたときには、少なくともその人間関係においては、子どもはウソをつかなくなります。

まずは簡単にはだまされないような人になることです。

子どものウソを見分けられるようにしましょう。

★2——ウソをつく子どもの特徴

◉ウソをつく子どもは質問と答えが一致しない

ウソをつく子どもは、懸命に「真実をつくろう」とします。

証拠は、真実であると周囲に信じてもらうための最高の道具だからです。

質問をしているのに、直接的に答えようとしない子どもは、ウソをついている可能性が高いものです。

たとえば、教室で花瓶が割れてしまって「どこにいたのか」が争点になったとき。「そのとき君は、ここにいたんだね？」と尋ねられたら、「はい、ここにいました」と言えばよいはずです。

それなのに、質問に対して答えが一致しない場合があります。

そのような答え方には、次の5つのパターンがあります。

①ほかの子どもの話をする

――「そのとき君は、ここにいたんだね？」

――「Aもいたよ！」

②証拠を示そうとする

――「そのとき君は、ここにいたんだね？」

――「休み時間には、いつもここにいるんだよ！」

③聞かれもしない理由を話す

――「そのとき君は、ここにいたんだね？」

――「だって、次の課題をやろうと思って」

④ほかの子どもの性格を語り出す

――「そのとき、君はここにいたんだね？」

――「Bさんは、いつもおしゃべりしようって言ってくるの」

⑤自分が信じてもらえるかどうかに関心を抱く

「そのとき、君はここにいたんだね?」
「私を疑っているんですか?」

ウソをつく子どもにとってみれば、端的に答えると怪しくなるのではと思えることがあります。それがこわいために、端的な答えをしたがらないのです。

だから、聞いている質問に対応しないような答えが返ってくる場合には、少し疑いをかけてもよいでしょう。

★3――自由に気持ちよくしゃべらせる

◉しゃべればしゃべれるほど矛盾が生じていく

子どもを不快にさせることなく、自然にウソを見破るテクニックがあります。

それが、「怪しい情報にこちらから突っ込まない」ということです。

まずは優しく接すること。それで、ウソを気持ちよくたくさんつかせるということです。

厳しく詰問されれば、子どもは「怪しまれている」ということを警戒して、言葉を選びます。予防線を張ってしまいます。だから、こちらがウソに気づいているということは、悟られてはならないのです。

「先生は、僕のウソを信じてくれている」と思えば、言葉を選ばず、さまざまなウソを重ねます。

ウソ一つをつくことは簡単なのですが、ウソをつき続けるためには、どんどん新しいウソをつくり続けなければなりません。

記憶とちがうことを意図的につくり続けるというのは、大変な作業なのです。いわゆるウソ発見機は、そのようなストレスを察知する原理でつくられたものです。

気持ちよくしゃべらせていれば、子どもは創作話をします。たくさん話せば話すほど、そこからボロが出るものです。その矛盾した話をどんどんさせていくのです。

あまりにも細かく聞くと、子どもを不快にさせてしまいかねませんが、「これは、大切な話だから、学校の生活指導の先生にも報告しないといけないんだよ」というように、第三者のことを引き合いに出せば、質問し続けることが可能になります。

いろいろしゃべらせ続けましょう。

途中で言っていることが変わったり、客観的事実とはちがったりするところが見えてきます。

頃合いをみて、それまでに聞いた話をまとめます。

すると、矛盾だらけの不自然な話ができあがります。

「ということは、こういうことですね」とさらに質問を続ければ、ウソをついている子どもも、さすがにそれはおかしな話であると気づくはずです。

そこで、ウソを認めさせればよいのです。

★4――矛盾を指摘する

◉当たり前の質問を重ねる

弁護士の先生に話を聞いたことがあります。

「ひき逃げ」をする人は、ほぼウソをつくのだそうです。

まず何を言うのかというと、「ひいたものが、人とは思わなかった」と述べるそうです。

これは、にわかに真実であるとは言い難い発言です。

なぜかというと、運転していた人は、「何か」にぶつかっていることはわかっているわけです。

では、その「何か」とはいったい何なのか。

そこで、次のように質問するそうです。

「ぶつかったときの感覚が、人間とゴミとではそんなにちがうものなのでしょうか？」

「感触のちがいがわかるというのなら、あなたは今までに何度ゴミをひいたことがありますか？」

「人をひいたときの感覚とまったくちがうというのであれば、あなたは人をひいた感触を知っているのですね？」

このようなごく当たり前の質問を重ねていくだけで、相手はボロを出してしまうのだそうです。この質問に答えられない時点で、信用は得られないからです。

（例）

教　師「提出課題は、どうしたの？　２日前が締め切りだったんだけど」

子ども「１週間で提出するものだとは知りませんでした」

教　師「どれくらいだと思っていたの」

子ども「１か月くらいです」

教　師「これまでに期限１か月の課題なんてありましたか？」

子ども「いいえ、なかったですけど……」

★5——損する経験がウソをなくす

◉ウソをつくのは得できるから

学校で頻発するウソは、これではないでしょうか。

「宿題はどうしたの？」

「やったけど、家に忘れました。明日持ってきます」

先生が家に確認しに行くことはできません。バレることがないのです。

この言葉を言う場合、ほぼやっていません。提出期限をとりあえず明日に先延ばしすることができます。「今日家に帰ってからやればいい……」というように今は思っているけれども、結局家に帰ったら楽しいことを優先してしまって、同じことをくり返し言うことになるわけですが。

このウソをくり返させることは、「イヤなことは、バレないようにウソをつけばいい」と教えることになります。非常に問題です。

なぜこのウソをつくのかというと、ウソをついたほうが、正直に言うよりも得だからです。したがって、ウソをついたほうが損するようにし向けていけばいいわけです。私は次のように言います。

「君が、宿題を家に忘れたというのはわかった。ただ、あなたが大人になったときに、『大事な書類を、つくったけど家に忘れてしまいました。明日持ってきます』というのは、認められない。だから、今日はとりあえず仮のもので、何かを提出してください。それで、明日は家でやったというものを持ってきなさい、それはそれで、きちんと見ますからね」

『教師の言葉かけ大全』（東洋館出版社）

子どもは目を見開きます。学校でもやって、家でもやることになります。二度手間です。

この方法をとっていると、「やったけど家に忘れました」という子どもはいなくなります。

「昨日やる気がなかったのでできませんでした」とか、「ちょっと忙しくてできませんでした」というように、正直に言ってくれるようになります。

無理して宿題をやる必要はないので、それでいいと思います。宿題をやらないことというよりも、それをごまかしてウソを重ねるほうが、よほど教育的によくないことです。

ウソをつけないように、ウソをつくと損するようなシステムにしてしまうのも一つの手段です。

★6——友だちの行動を尋ねる

◉「ほかの子どもは何をしたのか」を聞く

複数人のケンカやトラブルなどにおいて、子どもは自分自身の責任について、過小評価します。自分のやったことについて、ウソをついてしまうことが多いものです。

だからやるべきは、友だちについての話をたくさんさせるようにすることです。

「あなたは何をしたのか」という情報確認に加えて、「ほかの子どもは何をしたのか」を問いかけます。

不思議なもので、子どもは自分のことはウソをつくけれども、友だちのことはかなり正確に答えます。友だちのことについては、ウソをつくメリットがあまりないからでしょう。

したがって、正確な事実を把握しやすくなります。

複数人のトラブルでは友だちがしたことを順に尋ねていきます。それらを組み合わせて情報を整理するとかなり真実性の高いものになります。

複数のトラブルにおいては、次の手順で行うようにします。

①個別に呼び出す
②自分の行動について話させる
③友だちの行動について話させる
④全員を集めて、事実確認をする
⑤解決方法を考える

こういう流れで進めていけば、個別のウソに振り回されることが少なくなります。

★7――子どもの言い訳を代弁する

◉いったんウソをつくと、引き返せなくなってしまう

いったんウソをついてしまうと、引き返すことができないというのが、子どもの心理です。

だから、「これは明らかにウソだな」と感じられるようであれば、教師の側から助け船を出すことも得策です。


たとえば、「叩かれた」「叩いていない」という論争が起こったとき。

「君は、本当に叩いてないの？」と尋ねても、加害者の子はまず間違いなく「絶対叩いていない」と答えることでしょう。

そこで、次のように聞きます。

> 「よーく思い出してね。もしかすると、知らないうちに、わざとじゃないんだけど、肘が当たったかもしれないとか、そういうことはなかったのかな」

「**知らないうちに**」「**気づかないうちに**」「**わざとじゃないけど**」というような言葉を用いるところがミソです。「**〜かもしれない**」というのも、言い訳しやすくなるポイントです。**子どもの言い訳を代弁してあげるのです。**

このように尋ねられると、ウソをついてきた子どもは助かります。「うーん、そういえばたしかに、よく考えてみたら、知らないうちに、手が当たったかもしれないな」というように正直に答えられるようになることがあります。

気をつけてほしいのは、間違っても、これは誘導尋問ではないということです。

あくまでも、「もしかして、〜ってことはないかな?」というように、確認として聞くようにするのです。それが、ウソをつき続けて引き返せなくなってしまった子どもの助けになることがあるのです。

★8——ウソは人を悲しませるものだと諭す

◉教師の気持ちを伝える

ウソをついていて、正直に話し始めたときに、どのように指導すべきなのかというのも、難しい問題です。せっかく正直に話したのにもかかわらず、厳しく叱られたとしたら、「ウソをつき続けた方がよかった」と感じさせてしまいます。

私は、教師自身の悲しみを伝えるようにしています。

「正直に言ってくれてよかった。でも先生は、はじめに君にウソをつかれたことが、悲しかったな」

がっかりした教師の気持ちを、言葉と表情で伝えるのです。

「ウソで、人を傷つけてしまった」ということを感じ取ってもらえれば、それが子どもの成長につながるかもしれないと思います。

コラム5

挨拶一つでホッとさせる

なぜか、初対面なのに接しやすい教師がいます。

保護者に「この先生の言うことは、信頼できそうだ」と思わせる先生がいます。

こういうタイプの人は、必ずしも多弁であったり、言葉巧みだったりするわけではありません。

ノンバーバル（非言語）が発するメッセージを用いて安心感を与えるのが上手なのです。

挨拶一つをとっても、人の気持ちを和ませることができます。

たとえば、懇談会で保護者の方と初めて1対1で出会うとき。

教師は緊張しがちなものですが、実はどちらかというと、保護者の方が緊張しています。

「うちの子は、きちんとできているだろうか」「問題を起こしてはいないだろうか」「先生は、うまく話すことができる人だろうか」などというように、不安を感じながら来ているものです。

だからまずは、迎え入れる教師がリラックスして見せましょう。

穏やかな表情、声のトーン、身振りなど、全身からにじみ出せるように気をつけます。

やわらかな雰囲気が伝えられたら、つられて保護者の方の表情も和らぐはずです。

もしも教師がガチガチになってしまっていたら、保護者の人は不安を感じます。

「この先生、大丈夫なのかな」と。

その場合だと、心の距離は縮まらないし、信頼関係を築くのが難しくなってしまいます。


保護者の方と1対1でお話できる時間は、そう多くありません。

多くても、年に2〜3回程度ではないでしょうか。

その1回でしっかりと心をつかめるように、まずはにこやかに挨拶をしましょう。

笑顔にメリハリをつけて、にこやかに挨拶することです。

単純な動作にも、「私は信頼に足る教師ですよ」というメッセージを含めることができるのです。

第六章

いじめに対応する

★1――いじめ問題と向き合う

◉いじめはどのような集団にも起こり得る

「いじめ」というのは、教師にとって、できれば向き合いたくない問題でしょう。

しかし、学級担任としてやっていくのであれば、いじめは避けて通れない問題です。

「自分のクラスに限って、いじめは起きないだろう」などと、楽観視しないことです。

いじめは、どんな学級にも起こり得るのです。

心理学者の澤田匡人先生は、調査内容から、**「規範意識が高い集団」ほど、いじめが起こりやすいことを指摘しています。**規範意識が高い集団というのは、その集団に決まりがあって、それを守らなければならないという気持ちが強いということです。

たとえば、合唱コンクールに向けて一致団結して練習しているとします。

その中では、「音がズレている人が邪魔」ということになります。

ルールに従わない者に罰を与えるという「正義」をもって制裁を加えるために、そこでは「自分が正しいことをしている」ということで得られる快楽さえあるとされています。

「あの人は正しくないことを言っている」「共同体のルールに従わない人だ」ということなので、お墨つきを得ていると思いこんでしまい、言葉や体で相手を痛めつけることになるのです。

◉いじめの集団化

いじめの加害者は集団をつくって、一人の被害者を追いつめます。

リーダー格の加害者が、巧みに集団をコントロールしている場合が多いものです。

いじめ集団のメンバーには、「密告したり、かばうようなマネをしたりすれば、次のターゲットは自分かもしれない」という恐怖心があります。

「なんとかしたい」と思いながら傍観している子どももいますが、結局何もできません。大人に相談すれば「密告者」として、被害者をかばえば集団のノリを無視したとして、次のターゲットにされることは明らかなのです。

「次はお前だ」という脅迫めいた雰囲気がつくられることもあります。

こうして、集団全体がいじめに加担していくことになるのです。

★2 ——いじめのダメージは自然災害以上

◉いじめの深刻さ

いじめが被害者に及ぼすダメージは、はかりしれないものです。**いじめられている間の苦しみも耐え難いものですが、何十年たっても、その傷が癒えないケースもあります。**

いじめが収まっても消えないような心の傷は、PTSD（心的外傷後ストレス障害）と呼ばれるものです。

PTSDは、災害や犯罪などに合い、その体験がトラウマになり、長く苦しみ続けるものです。

実は、災害よりもいじめのほうが、はるかに深刻な傷になると考えられています。

なぜかといえば、自然災害は「一回きり」なのです。

もちろん、思い返すことにより繰り返す感覚はあるかもしれませんが、事象としては一回きりです。

でも、いじめによるPTSDは、自然災害のように一回きりではありません。

1か月、半年、1年、もしかしたら数年など、長期間にわたり、繰り返し毎日のようにダメージを与え続けられてしまう。そのため、心の傷は、想像以上に深いものになってしまうのです。

PTSDは、本人の努力だけではなかなか治りません。

心だけでなく、体や社会生活にも影響が及びます。

場合によっては、一生定職に就けずに苦労するケースもあります。

いじめというのは、人の人生を左右するような、深刻なものなのです。

学級担任を請け負うのであれば、「いじめは起こさせない」「起こったら解決する」という覚悟をもっていなければならないのです。

★3――いじめられやすい子どもの特徴

◉いじめられやすい子どもの特徴5点

いじめの事実を早急に発見するには、「いじめられやすい子ども」の特徴について知っていることが役に立ちます。

その手がかりとなる特徴として、次のようなものが挙げられます。

①身体的なギャップがある

身体が小さい、ひよわな感じがする、腕力がない、舌っ足らずな話し方をする、運動ができない、おもらしをした、など。

②学業成績がよくない

成績が悪いなど、学習面の問題点など。

③性格、態度に特徴がある

集団にとけこめない、おとなしい、すぐ泣く、自己主張をしない、ぐずぐずしている、生意気、強情、わがまま、甘ったれ、告げ口をする、忘れ物が多いなど。

④身なりがよくない

身なりにかまわない、だらしがない、清潔感に欠けている、髪の毛がボサボサ、同じ洋服ばかり着ている、同じハンカチばかり持っているなど。

⑤目立つ特徴がある

家が貧しい、名前がかわっている、母親の化粧が派手、珍しいものを持っている、みんなの持っているものを持っていない、親の職業、民族的差別、転校生など。

いじめられっ子となる場合の特徴については、このようにリストアップされています。ただ、これらの項目の中には、それがいじめの項目として考えられないようなものも混在しています。

この原因については、「自分や集団とはちがったものを認めない」という大人社会を反映しています。

いるといえるのかもしれません。

これらの特徴を複数もっていれば、それだけいじめられやすいことになります。

もちろん数が問題というわけではありませんが、数が多くなれば、マイナス要因として、いじめ行為の誘発因子となることは十分にあり得るのです。

教師はできるだけ早い段階のうちに、これらの特徴をもつ子どもを把握しておき、いじめが起こらないように注意しておく必要があります。

★4――加害者になりやすい子どもの特徴

◉加害者にも特徴がある

いじめられっ子に特徴があるように、いじめっ子になる子どもにも特徴があります。

いじめのリーダー格になる子どもの多くは、それなりに人気があり、手下となる子どもを2～3人従えています。

子ども集団の強者で、集団をまとめてコントロールする力をもっています。

ノルウェーの心理学者ダン・オルウェーズ教授による分析によると、次のような子どもがいじめ加害者になりやすいのです。

- ・非常に攻撃的
- ・男子にも女子にも人気がある
- ・暴力を肯定的にとらえている
- ・感情をコントロールしにくく、すぐカッとなる

・物事を恐れず、自分や自分の立場が優位にあると思っている

また、いじめっ子の家庭の状況として、次のような点が挙げられます。

①親子のコミュニケーションが希薄である
②保護者やきょうだいから身体的加害や心理的苦痛などの仕打ちを受けている、つまり愛されていない
③しつけをきちんと行っていない
④親子ともモラルが十分な状況にない
⑤両親の関係が不仲である

いじめっ子の特徴について、性格と家庭の状況の面から取り上げています。すべてのいじめっ子が、これらの特徴をすべて有しているとは限りません。**しかし、ここで示されている特徴を多く有していれば、それだけいじめっ子になる可能性が大きくなると考えてもよいでしょう。**

★5――いじめの起こりやすい時期

◉いじめの起こりやすい時期を把握する

学校で学級崩壊が増えたり、いじめが発生したりしやすい時期は、5～6月や10～11月といわれています。

5～6月や10～11月というのは、日照時間が変わる時期にあたります。するど、〝安心ホルモン〟と呼ばれるセロトニンの分泌量は減ります。その結果、不安が強まります。不安ばかりではなく、自分の心の変化に敏感になり、攻撃性の高まりを感じる人も増えます。

さらに、学校では、5～6月や10～11月には、運動会や文化祭など、大きな学校行事を催すことがよくあります。集団行動が多く、「団結して一つのことをする」ような内容がほとんどです。そうなると、ルールに従わない人や、みんなとちがう動きをする人、クラスの役に立たない人が目立ちやすくなる状況をつくってしまいます。

◉仲間意識の高めすぎに気をつける

人間関係のトラブルを避けるようにするためには、逆の言い方になりますが、仲間意識を高めすぎないようにすることも有効といえます。

仲間意識を高めすぎないというのは、不仲にするというわけではありません。

たとえば、「クラス対抗コンクール」となっているのを、「学年全体で発表会」にして競争意識を低下させるようなことが考えられます。

要するに、集団が固定化し、関係が濃密になりすぎない工夫を取り入れるようにするとよいといえます。

★6――いじめを発見する

◉いじめの早期発見に向けて

いじめは、教師に見えないところで行われるのが通常です。

ただし、授業中や教室内での活動の際にも、「いじめのサイン」が見えることがあります。

ここに違和感を覚えることができたならば、いじめの早期発見につながるかもしれません。

いじめのサインを見逃さないようにしなくてはなりません。

いじめのサインは、次のようなものがあります。

- 授業中あまり発表しなくなる
- 授業中ぼんやりしているときがある
- 下を向いて、視線を合わせようとしない
- 文字や絵が乱雑になる
- 学級のムードがしらけている

・学級全体の言葉づかいが悪くなっている
・周りの友だちに異常なほどに気をつかう
・授業に遅れて入ってくる
・誰かが発言するとヤジる
・休み時間に一人でポツンとしている
・始業時に机の上が乱れている
・忘れ物が急に多くなる
・学習意欲が低下している
・プリント配りや給食当番をやらない
・掃除や片づけを一人でしている
・遅刻や早退、欠席が目立つ
・学業成績が急に低下する
・学校行事のある日になると休む
・授業中に特定の子どものほうに視線が向く
・からかいや軽蔑の落書きがある
・特定の子どもを何となく避けるような雰囲気が見られる

・筆圧が弱くなる
・真面目な子どもがふざけた質問をする
・答案を白紙で出す

まずは、このような事象を「ただの出来事」としてとらえないことです。「子どもたちの関係に、何かあるかもしれない」と気づくこと。それが、いじめ防止につながるのです。

★7――いじめのサインに気づいたらすべきこと

◉予防的効果をねらう

教室の中で子どもたちの様子に何か変化を感じ取ったなら、まずは「何かあるのかもしれない」と、危惧の念をもつようにしましょう。

それらの徴候が、いくつも同時に確認されるようであれば、本人を呼んで確認しましょう。

「ちょっと気になるんだけど、何かあったかな?」

「○○という行動は君らしくないと思うんだけど、何かあるのかな?」

このような確認の仕方がよいでしょう。

また、クラス全体に対しての指導も同時に行う必要があります。

あくまでも「いじめの徴候」が見られるのであって、「いじめの事実」が確認されたわけではありませんので、予防的な観点からの指導が適切になります。

「最近、学級で〜という点が気になっている」

「誰かが発表しているときに、ヤジを飛ばすような発言をしている人がいる」


このようにして事実を指摘し、とがめます。

これを警察官の仕事にたとえてみると、犯罪捜査のようなものではなくて、犯罪防止の観点からの市街巡回や、住宅地巡回のような活動にあたります。


このような一言には、「予防的効果」があるのです。

呼び出しをする子どもというのは、被害者児童はもちろんのこと、加害児童もやっていく必要があります。

先の警察官の例でいうならば、市街巡回や住宅地巡回で困っている人がいれば声をかける場合もあれば、不審な動きをする人物には声かけをするはずです。職務質問と呼ばれる行為です。

これと同じで、加害児童と思われる子どもにも声をかけていくのです。

授業終わりに「Aくん、ちょっと来なさい」と廊下に呼び出して、「さっき、Bくんの発言に対して、異常なくらい笑っていたけれども、Bくんとの間に何かあったのかな？」というように尋ねるわけです。

たいていの場合、「いえ、何もありません」などと誤魔化して終了するものですが、このような呼び出しによる事情聴取だけでも、いじめの抑止力になるのです。

これは、早期発見・早期解決の原則にもとづいた対応です。

本人や保護者からの申し出があってからでは、もう「事件」は起きてしまっているのですから、遅いのです。

後手の対応よりも、未然の防止策のほうが優れた対応なのです。

★8――いじめ対応のやり方

◉いじめ対応3段階

いじめ対応については、およそ3回に分けて行っていきます。労力を伴いますし、何よりも多くの時間を使います。

聞き取り調査は重要ですが、「いじめとは無関係の子どもたち」もまた大切です。つまり、いじめ問題があったとして、それに向き合うために放置されたり、自習にさせられたりするのであれば、それはそれで問題になってしまいます。

必ず、ほかの教師との連携をはかりましょう。必ず管理職にも報告します。いじめ問題は、担任一人で解決できるような甘いものではないのです。

特に、聞き取り方については、後からこじれることが多々あります。「先生に無理矢理自白させられたって言ってるんですが！」などというように、保護者が怒鳴り込んでくる事態もあります。

そのため、指導や聞き取りは複数で行うことが基本です。

そうしていれば、第三者の意見として、「私は立ち会っていた者ですが、このような指導が行われており、Bさんはこのように述べていました」というように、客観的な視点から報告ができるのです。

①個別の聞き取り

いじめの事実が保護者や子どもから訴えられたら、その事実を確認します。

いじめは、複数クラスにまたがって起こる場合と、自クラスのみで起こる場合があります。

いじめの報告があったときは、すぐに学年主任と生徒指導主事に報告を入れます。

複数クラスにまたがっている場合は、学年担任団で集まり、内容を共有します。

そして、それぞれで聞き取りを進めていきます。

ここで聞き取りの時間をずらしてしまうと、子ども同士で「口裏合わせ」をする危険性があります。

- 1時間目の後の休み時間で各クラス児童の聞き取りをする
- 2時間目の後の休み時間で、職員室で共有をするこのように、学年で聞き取りの時間を定めておきます。

いじめの関係者が「自クラスのみ」の場合は、プリント学習などの自習課題をさせます。監督として、一人の教師に入ってもらって、子ども同士で話ができないように見張ってもらいましょう。

この聞き取りについては、多くの時間をとることができないので、近くの空き教室などに呼び出して、個別に順次行います。

聞き取り方については、誘導尋問のようにしないことです。

「Aさんのことで、これまでに何かあったようだけれども、君の口から言うことができるかな」

このように伝え、子どもの口から進んで言わせるようにして、確認を進めていきましょう。

具体的に確認すべき内容は、「5W1H」です。

事実経過として漏れがないようにするために、これらの内容を聞いていくのです。

ここでは指導ではなく、あくまでも、客観的な情報収集に努めることです。

被害児童やその保護者が勘違いしてしまっている可能性もあります。

疑いつつ、なおかつ決めつけることのないようにしながら話を聞いていきましょう。

・いつ（When）

「いつからそのような行為を続けていたのか」を聞きます。時期については、ウソを混ぜることはそれほど見られないでしょう。合わせて尋ねるのが、頻度についてです。

頻度については、事実よりも少なく言うことが多いものです。

被害者の申し出と大きくズレている場合は、「Aさんが言うには、このくらいされていたということだけど、どうだろう」というように、冷静に聞き取りましょう。事実として認めないようであれば、それはこれ以上つっこむようなことはしません。後から思い出すことに期待しておきます。

・どこで（Where）

場所について確認しましょう。学校での出来事ことなのか、それとも放課後の公園での出来事なのか、いじめの発生した場所を確認します。

・誰が（Who）

いじめに加担したのが誰なのかを明らかにしていきます。

この点については、被害児童からの申し出がある時点で、誰がやっているかはわかっています。そして、中心人物を呼び出して、話を聞いているわけです。

ただ、加害児童にとっては、「俺だけじゃないのに」と不満に感じることがあります。「ほかの加害者がいないのか」を確認しましょう。「その子たちには、別で話をする」と加えておきましょう。

・何を（What）どのように（How）

いじめの事実について明らかにしていきます。

いじめの事実が犯罪性を帯びている場合であれば、ここで正直に言うことは、むしろ希でしょう。たとえば、金品を巻き上げたとか、殴りつけていたとか、そういう類のいじめであれば、かなり「ひどくない程度」でしか伝えてこないはずです。

一通り返答したら、そこで終わりにしないことです。

「**うーん。そうか、それだけかな。ほかにはないかな**」というようにして聞き出します。

ここでも、「ウソをつくんじゃない！」などと声を荒げないようにしましょう。

聞き出せなかったとしても、それ以上追及しないでおきます。

・なぜ（Why）

事実確認に続いて聞きたいのは、「なぜいじめを行ったのか」です。いじめの動機であり、これはもっとも重要ですが、本音が出てくるかどうかはわからない点です。

たとえば、金品目当てとか、嫉妬心からいじめている場合などは、特にそうです。「学業成績で負けてしまったから」などという理由があったとしても、それを言葉にするのは恥ずかしいものです。だから、「あいつが先に悪口を言ってきた」とか、もっともらしい理由をつけてしまうことになります。

いじめの動機については、加害児童本人にしかわかりません。正直に言うかどうかは難しいところですが、まずは本人の言い分を聞き取りましょう。

事実確認ができたら、すり合わせを行います。

全員の情報を集めると、かなりいじめの全体像が明確になってきます。

この情報をもとにして、関係者の呼び出しを行います。

②関係者の呼び出し

職員室や相談室、校長室などの別室へと呼び出します。

この指導については、30分から1時間程度を要します。

廊下の隅とか、騒々しい場所ではやってはなりません。

「それだけ重大なことをしてしまっているのだ」と理解できるように、きちんと場所を用意しましょう。

このとき、教師は子どもからの訴えを聞き、内心腹が立つことでしょう。

怒鳴りつけてやりたい気持ちも、出てくるかもしれません。

ただし、呼び出したうえで怒鳴りつけるような方法は、よくありません。

刑事ドラマで、警察の人は、「Aさんですね、署までご同行願います……」と言うことがありますが、そういう厳粛な雰囲気をもって、聞き取りを始めるようにします。

怒鳴りつけはしないけれども、緊張感のある、厳かな雰囲気をまとって指導を始めるのです。

前方に生徒指導主事。周りを囲むように、学年担任団が立ちます。

―子どもたちから聞き取った情報をもとに、生徒指導主事を中心に確認を進めていきます。

「君たちが行ったことは、〜ということ。間違いはありませんか。事実と異なるようであれば、言いなさい」

―このようにして、聞き取りをもとにしてまとめたことを述べていきます。

「君たちがやったことは、れっきとしたいじめ行為です。大人であれば、暴行罪など、罪に問われることです。そして、Aさんの人権を脅かす行動であり、決して許されることではありません。学校として、これを認めるわけにはいきません」

―ここまで、言い切ってみせます。そのうえで、子どもたちに尋ねていきます。

「いじめをしたことについて、自分たちはどう思いますか？」

―問いかけたうえで、一人ずつ答えさせていきます。

「いじめているときの、Aさんの様子はどうだったかわかりますか？」

「いじめているとき、あなたはどんな気持ちになりましたか？」

「いじめた後、どんな気持ちになりましたか？」

「Aさんの気持ちについて、考えたことがあるかな？」

「もし、自分がAさんのようにいじめられたら、どうだろう？」


これらの質問を投げかけて、加害児童たちに考えさせます。

「もし自分が、自分よりも強い人から同じようにやられたら、イヤだろうな。Aさんも、イヤな気持ちがしたのだろうな」というように、相手のつらい気持ちを少しでも理解できたなら、指導としては成功したことになります。

指導の最後には、反省文を宿題にして書かせます。

もし時間があるようであれば、その場で書かせるようにしてもよいでしょう。

反省文には、相手の心の痛みや、自分の気持ち、謝罪の気持ちとともに、二度とくり返さないという自覚の言葉を書かせるようにします。

なお、この反省文は、取り扱いを厳重に行います。被害児童やその保護者に見せるものではありません。見せてしまうと、関係性の悪化を招く場合があります。反省文はあくまでも当人たちの反省を促すためのものです。

ここまで終えたなら、事実確認は終了です。お灸を据えて締めくくります。

「今日はこれで終わりです。でも、これで終わりではないですよ。明日の昼休みにも、話を聞きます。絶対に、このようないじめを続けてはいけません。わかりましたか？」

こう伝えて、教室へ帰します。

放課後には、被害児童と加害児童の双方の保護者に連絡を入れましょう。いじめの深刻さによっては、全員学校に来てもらう必要があることも、あり得るでしょう。そうでない場合は、電話において、事実を時系列に沿って伝えていくようにします。そして、引き続き指導を続けていくことを伝えます。

③事後指導

事後指導では、特にいじめ主犯格の子どもを個別で呼び出して実施します。指導の翌日、もしくは2日程度後に行うようにするとよいでしょう。

いじめ問題には、主犯の子どもと、それにひきつられて実施する子どもがいます。ひきつられるのも悪いことですが、多くの場合は、主犯の子どもの影響力に動かされていることが多いものです。

そこでここでは、いじめ主犯格の子どものみに限定してカウンセリングを実施します。

自分の思い通りにならないことや、つまらないことがあると、人は攻撃的傾向を帯びてくるものです。そしてときには、それがいじめ行為となって表れるのです。

「欲求不満→いじめ行為」という図式ができあがる。

これが問題なのです。

いじめは、人間社会においては許される行為ではないからです。

いじめっ子としても、当然いじめは悪いことだと一応はわかっているはずです。

それなのに、ついやってしまうのです。

いじめをやってしまうということは、異常状態なのです。

よくいじめ被害者のカウンセリングが実施されることがありますが、被害者は異常状態ではない。**加害者にこそ、カウンセリングが必要なのです。**

したがって、いじめっ子の指導では、いじめ行為の引き金となる欲求不満の心理状態についてまず確認します。それに対する支援的かかわりが必要になってくるのです。

家庭へ連絡を入れたはずなので、そのことから切り出していくといいでしょう。

「昨日は、今回の件について、おうちの人と話すことができたかな。どんな話をしたのかな？」

このように伝えてから、話を始めます。

「いじめは絶対にやってはいけないことというのは、君にだってわかっていますよね。いじめは絶対にくり返してはならない。だから、なぜ君がいじめを行ってきたのか、何が君をいじめ行為に走らせてしまったのか、その理由を探ることが大事だと先生は考えているのです。君のことをよく知らなければ、この問題の解決にはなりません」

いじめ加害者本人の欲求不満の状況を把握し、必要に応じて助言します。

こうして、「加害者のカウンセリング」を実施するのです。

その欲求不満が解消されれば、いじめ行為に走ってしまうような「負のエネルギー」が減っていくので、いじめ行為の抑止力として働くことになります。

以上のような手順で、いじめへの対応を行います。

いじめ行為というのは、解決に時間がかかるものです。手順も複雑です。

しかし、取りかかりまでに時間をかけてしまうと、そこでいじめが深刻化するおそれがあるのです。

いじめが発覚したら、極力スピーディに、なおかつ丁寧に解決に向けて着手しましょう。

子どもの心に傷を残さないようにするために、教職員で連携をはかりながら、取り組んでいきましょう。

コラム6

先手必勝を心がける

ケガやトラブルがあったときや、子どもに厳しい指導をしたときには、下校後に保護者から電話がきたり、翌日の連絡帳で辛辣なメッセージが届いたりすることがあります。

このときになってしまうと、保護者はすでに教師に対して不満や不信感を抱いています。

先に聞いた子どもからの情報で誤解を招き、トラブルが大きくなってしまうこともあります。こうした状況を避けるために、先手を打って保護者へ報告を入れることが大切です。

特に、下校時の子どもの様子に注意しましょう。

ケガや、友だちとのトラブル、教師からの厳しい叱責などで、子どもが落ち込んでしまっている場合は、学校で気にする様子が見られなくても、電話するのが賢明です。

多くの場合、子どもは学校では我慢しています。友だちの手前で泣いてしまうのは恥ずかしいからです。泣きたい気持ちをグッとこらえています。

その状況で家に帰ると、家のドアをしめたとたんにワンワン泣き出してしまう、ということがあるのです。

あるいは、ずっと暗い表情のままで過ごしていて、お風呂に入りながら悩みを打ち明ける……ということもあります。

保護者の方にしてみれば、自分の子どもが泣きじゃくったり、落ち込んだりしてしまっているわけですから、それは心配して当然のことです。

でも、子どもからの情報だけだと、正確な事実が伝わりません。

教師からの説明が必要になります。

保護者の方から尋ねられてから説明するよりも、担任から先に報告した方が、冷静に受け止めてもらえます。先んじて報告しているのに怒鳴りこまれるということは、あまり起こり得ないものなのです。

しかし、保護者から尋ねられてから説明すると、「言い訳」のようにとらえさせてしまうことがあります。

同じことをしているにもかかわらず、天と地ほどの差があるのです。

教師から保護者の方に伝えにくい心理は、「告げ口」のようになってしまうからでしょう。

でも、そうではなくて、「**○○ということをしてしまいました。学校での私の管理不行き届きで、申し訳ありません。相当に厳しく叱りましたので、おうちのほうで話を聞いていただき、様子を見ていただけるとありがたいです**」というようなニュアンスで話すと伝えやすいのです。

教師からの厳しい叱責の直後に子どもが自傷行為に至ってしまうような事件や事故は、実際に起こっています。

指導による被害を防ぐためにも、保護者の方に伝え、見守ってもらうことは必要です。

忙しさに負けてしまい連絡を先延ばしにしてしまうと、取り返しのつかない事態になりかねません。また、後で何倍もの時間と労力を消耗することになるかもしれません。

連絡は、先手必勝が鉄則です。

第七章

学級崩壊に対応する

★1――学級崩壊を理解する

◉学級崩壊とは何か

今、私のクラスは、メチャメチャで、もうもとにもどすことのできない状態です。はじまりは、6年生のはじめでした。いろんなことがあってくわしくおぼえてないけど……。

と中からはおぼえています。

何回も何回も男女同士ではなしあいをつづけました。女子は、みんな泣きました。男子は、みんな、先生にはんぱつしました。授業をできたもんじゃありません。

大声ではなす、大声でわらう、大声で歌う。まわりの先生からは〝また、あの組か〟といわれました。校長先生が、朝会でお話しされることさえ私のクラスにあてはまることで、とても悲しかったです。いろんな先生からいっぱい、いっぱいおせっきょうされました。保護者もよんでの話し合いもしました。本音をかくプリントがありました。ためこんでいた本音をいっぱいかきました。それを、保護者の前でよまされました。先生は誰にもみせないといいました。

私は、先生をしんようすることができなくなりました。自分でもなんだかグレたような気がします。どうしたらいいでしょうか？

（1999年　朝日新聞への投書より引用　長崎県・小学校6年生・女子）


「学級崩壊」という言葉が取り上げられたのは、1990年代後半のことです。1999年には、流行語ベストテンに入るほど、世間に広く知られるようになりました。

文部科学省は、学級崩壊の定義を「**学級がうまく機能しない状況**」と定義づけています。

さらに、法政大学名誉教授の尾木直樹教授は、学級崩壊とは「**小学校において授業中の立ち歩きや私語、自己中心的な行動をとる児童によって、一定期間学級全体の授業が成立しない現象**」と定義しました。


ここで小学校と限定しているのは、学級崩壊の大きな要因が、小学校の一人担任のためにあるとされています。

たとえば、教科担任制である中学校や高等学校は学級崩壊ではなく、「授業崩壊」であるとされています。

さらに学級崩壊は、特に小学校高学年において多く生じるとされています。

小学校1年生など、低学年においても学級崩壊が起こることがありますが、これは学級崩壊ではなくて、「**学級未形成**」であるとしています。

つまり、主に小学校中～高学年で起こりがちなものが、学級崩壊といえるのです。

◉なぜ学級崩壊は起こるのか

少数の子どもが反社会的行動を起こせば、通常であれば周りは同調しなかったり、非難したりするものです。

しかし、学級崩壊の状況では、むしろそれに同調して、多くの子どもが反社会的行動をとってしまうということになります。

なぜ、学級崩壊が起こるのか。

これは、先にも述べたように、学級担任制の弊害ということができるのでしょう。

小学校では、学級担任制を実施しており、学級担任が全教科を教えることが多いものです。

中学校などでは、「A先生の場合はきちんとしているが、B先生の場合は成り立たない」というような状況が起こります。

もしも小学校でA先生が担任をすれば、それはまとまりのある学級がつくられるでしょう。

一方で、B先生が担任をすれば、学級崩壊の道は免れることができない、ということです。そういう意味でいうと、2022年度より本格実施される教科担任制には、学級崩壊の数を減らす期待も寄せられます。

学級崩壊というと、一つにくくって考えられがちなものですが、分類してみると、低学年と中～高学年ではその内容は異なります。

内容がちがうため、対策も別となるのです。

この章では、学級崩壊の分類と、崩壊に向けてどのように対処すればよいのかを考えましょう。

★2——低学年の問題行動は、なぜ広がるのか

◉一人の問題行動が全体に悪影響を及ぼす

ある学校の崩壊学級の様子を観察したことがあります。

担任の先生は、授業時間になると、だいたい決まって廊下で数人と話をしていました。休み時間に起こったトラブルを、授業中に聞いているのです。

授業を受けている子どもはどうなっているかというと、「ほったらかし」になっています。

教科書を読んでいる子どももいれば、教室を走り回っている子どももいます。

当然ながら、トラブルは絶えません。

その度に、担任の先生が個別に対応していました。

子どもからしてみれば、「トラブルを起こせば私にかまってもらえるんだ」ということになるわけです。トラブルが増えるのは必然ともいえるでしょう。

管理職の指導を受けながら、指導のタイミングを変えるようにして、何とかその1年間を終えることができていました。

さて、ここでは、小学校低学年児童の問題行動発生について考えていきます。

原因を3点から考えてみましょう。

原因①先生の話が聞こえない

特定の子どもが暴れたり、叫んだりしていると、先生の話が聞こえません。

「わかった!」「ハイハイ! 当ててよ、先生!」などという声によって、教師の言葉が聞き取りにくくなることがあります。

授業中の発問や指示についても、聞き取ることができなくなってしまいます。

そうすると、授業とは別のことをしたくなってしまう、ということになるわけです。

原因②学習を邪魔される

勉強しようと思っていても、よけいなことを言われたり、ものを取り上げられたりします。

それに対して腹を立てたり、言い返したりすることで、学習に集中できなくなります。

原因③担任教師が特定の子どものみに注目してしまう

教師が特定の子どもにばかり注目してしまうことも問題です。

たとえば歩き回ったり黒板に落書きをしたりする子どもがいて、その子どもにばかり注意をしていたら、周りの子どもは、先生からかまってもらえない状態になります。

問題行動を起こせば注目してもらえます。

無視されるよりも注意されるほうが自分を見てもらえることになるので、子どもにとってはよいことになります。

そうすると「そうか、よくないことをしていれば先生にかまってもらえるのだ」と誤った学習をさせてしまうことになるのです。

★3——低学年のトラブルをおさえる3つの手立て

では、低学年のトラブルを抑えるための3つの手立てについて確認しましょう。

◉低学年は、個別の対応と指導改善を重視する

手立て①発言ルールを決める

まずは、授業中の発言ルールを決めましょう。手を挙げて、当てられてから発表をする。「ハイハイ言っている人は当てません」というように、不必要な発言に釘をさしておきます。また、「対話の時間以外にはしゃべらない」など、授業中の発言ルールを明確にします。

できれば、紙に書いて教室の見えるところに貼り出しておくのが望ましいです。

手立て②傾聴行動のソーシャルスキル・トレーニング（SST）

週に1回ほど、特別活動の時間などにおいて、ソーシャルスキル・トレーニングを実施します。

SSTは、対人的行動の障害やつまずきの原因を、「社会的スキル」の欠如としてとらえるものです。

必要な社会スキルを学習させながら、対人行動の障害やつまずきを改善しようとする技法です。次のような内容について学習します。

- 傾聴
- 発言行動
- 質問行動
- 自己評価カード

手立て③トークン・エコノミー

また、問題行動を起こす子どもについては、個別にトークン・エコノミーの取り組みを実施します。トークンとは「やるべき課題を意識づけする」ためのツールです。ごほうびでモチベーションを高めて、課題への取り組みを易しくして、課題達成に導くしかけがトークンです。

「トークン表」と呼ばれる表をつくります。1週間の穴抜きの時間割表のようなものをつくるのです。1週間の行動目標を子どもと一緒に考えます。

たとえば、「授業に参加できたらシール。先生に2回注意されたらシールはなし」というようにして決めます。

そして、毎日帰りの時間に「今日の1時間目はどうだった？」「ちょっとダメだったな……」というように、一緒に1日をふりかえりながらトークン表にシールを貼っていきます。

何よりも、トークン表を見ながら、子どもをほめることが大切です。

トークン表は、1週間で1枚ずつ新しい表になります。1週目よりも2週目、2週目よりも3週目の方が、貼られるシールの量が増えていきます。

「先週よりも、今週の方が、グンとがんばっているね。やればできるね！」というように、子どものがんばりをほめるのです。

行動が改善されるようになったら、取り組みを終了します。

がんばりひょう

__________ できたらシール

シール10まいで、おおきなシールがもらえる。

	月	火	水	木	金
1					
2					
3					
4					
きゅうしょく					
そうじ					
5					
6					

子どもも課題を理解して取り組んでいるので、子どもの側から「もう僕、シールなしでも大丈夫だよ」と伝えてくる場合もあります。

大体1～2ヶ月程度を目安にしましょう。

保護者の理解も必要ですので、伝えたうえで実施するようにしましょう。もし可能であれば、保護者の方から1週間ごとにメッセージをもらえると、さらによいでしょう。

◉教師の指導改善

教師の指導改善も必要です。次の4点の指導を改善しましょう。

指導改善① 立ち止まって指示をする

移動しながら指示をすると、子どもにとって聞き取りが困難になることがあります。

教師は、その場にとまって指示を出します。

指導改善② 視覚的なカードを提示する

「しずカニ（カニの絵が描かれている）」や、「れんらくちょうをかく」など、今やる行動が目に見えるようなカードをラミネートし、マグネットをつけて、黒板に貼れる状態にしておきます。

指導改善③　一回につき、一つの行動を指示する

「はさみを出して、この紙を切ります」ではなく、「はさみを出します。紙を切りましょう」というように、一回に一つだけの行動を指示します。

指導改善④　段取りは板書する

低学年の子どもは、聞き取って覚えることが難しいことがあります。たとえば図画工作などにおいて、手順がある場合には、段取りを板書するようにします。

★4――中～高学年の学級崩壊はこう起こる

◉乱れが全体に広がる

小学校中・高学年になると、それまで単独あるいは連鎖的に生じていた学級の乱れが、複数名で連携して問題を引き起こすようになります。

これに同調する子どもが多くなると、学級は崩壊してしまいます。担任教師が鬱状態になったり、いじめが多発したりするようになります。

原因①自己中心性の解消

小学校中学年は自己が確立する時期であり、子どもは自分の立場を客観的に理解し、ほかの友だちへの配慮ができる発達段階にあります。

このような時期に、素行の面で課題をもつ中心的存在の子どもが高圧的・否定的な指導を受け続けた場合に、その子どもに気を遣って、依存する子どもがつるむようになります。

原因②乱れの広がり

教師の高圧的な指導に対する反作用として、複数児童が連携して反抗し、挑発的な行為を引き起こすようになります。

担任が抑うつ状態に陥ると、さらにコントロールが失われ、子どもたちの中に深刻ないじめが生じることも少なくありません。

崩壊学級のいじめは、回復させることが相当に困難です。

なぜなら、教師自身も、学級全体からいじめられているようなものだからです。

いじめられている人間が、いじめられている子どもを救うなど、到底無理な話なのです。

原因③上部階層のリーダー性

「スクールカースト」とは、学級集団の中で自然にできあがる階層を意味しています。

問題は、その上層部のグループの特性にあるのではないかと考えられます。

これらのグループは、素行に問題のあるタイプが複数含まれている場合に崩壊が生じやすいとされています。

★5——中～高学年の学級崩壊対策

◉交換授業や合同授業をする

学級崩壊は、教師の授業力不足や、教師と子どもとの人間関係のもつれからくることが多いものです。

だからといって、「担任を交代する」という選択は、なかなかできるものではありません。

多くの場合、担任が病休に入ってしまって、そこへ代わりの先生がやってくることになります。

しかし、この代わり方は決して健全とはいえません。

また、「教室の後ろからこわい先生が覗きにくる」などという対策がとられることがありますが、これはあまりよくない方法です。

たしかに、こわい先生がいる間は落ち着くかもしれません。

でも、そのこわい先生がいなくなれば元通りになってしまうわけですから、よけいに担任教師をなめてかかるようになってしまいます。根本的な解決に至らないのです。

担任が担任として続けながら、ほかの先生がその学級に介入する機会を増やせるようにすることができれば、それがベストな対策です。また、ほかのクラスの子どもとのかかわりの場面をつくれば、子ども同士の関係の変化も生じます。

他クラスの教師や子どもと交流することを通じて、人間関係の流動性をもたせられるようにするのです。

そこで効果を発揮するのが、「交換授業」と「合同授業」です。

交換授業は、ある教科を交換して、教師が教えにいく授業方法です。

合同授業は、複数クラスを同時に授業する方法です。

ある小学校の事例があります。

A小学校の3年生は、2学級です。

1組を20代の女性教師が担任し、2組を40代男性教師が受けもちスタートしました。

しかし、1学期の後半のあたりから、1組のまとまりがなくなってきます。

授業が成立せず、女性教師の疲労困憊した姿が見られるようになってきました。

なんとか1学期を乗り切ることができました。

そして、夏休みに2人で対策を練り、校長・教頭にも指導を受けて、次のような方法を考えました。

①音楽・図工・体育を、合同授業で進める

チーム・ティーチング形式で、図工と体育は男性教師が中心になって進める。音楽を、女性教師が主となり進める。

②社会と理科を、交換授業で進める

理科を男性教師が担当し、社会科を女性教師が担当する。

③行事に関するような特別活動は、合同で行う

校外学習などの行事に関する取り組みについては、学年で合同授業を実施します。

④朝や帰りの会も、ときどき合同で行う

2クラス入ることのできる教室に移動し、朝の会や帰りの会を行い、クラス間の交流の機会を増やします。

このとき、校長は次のようなことを配慮したとしています。

- 児童の学力が低下しないように配慮する
- 1組の人間関係の回復をはかる努力をする
- 女性教師のプライドを大事に、自信の回復に努める
- 男性教師の負担過多にも気をつける
- 子どもの動きを中心に、2人の連絡、相談を密にとる
- ほかの教職員にも理解してもらい、時には協力を依頼する
- 保護者にも周知をはかり、理解してもらう

この取り組みは、はじめは戸惑いも見られましたが、次第に無理なく授業ができるようになったとされています。

女性教師は、無事1年間を終えることができました。表情には、笑顔が戻っていました。1年の終わりには、しみじみと次のように語ったとされています。

「みなさんに助けてもらいました。こんなことなら、4月から交換授業や合同授業を組めば、子どもたちに迷惑をかけなかったのかもしれません。いい勉強ができました」

このように、合同授業と交換授業は、担任が担任として続けながら、ほかの先生の力も借りられる合理的な方策といえます。

合同授業や交換授業は、学年の規模によって形態が異なることになります。

4学級あるのであれば、2学級ずつをチームに分けるということも考えられます。

6学級なら、3学級ずつに分ける。

そのようにして、小チーム内で交換授業や合同授業を組むようにすればうまくいくことでしょう。

★6——学級集団とのかかわりを考える

◉問題を考える3つの対応策

教師と学級集団が対立する場合があります。

対立の原因として、教師と子どものどちらかまたは双方に問題点があると考えられます。また、行きちがってしまっていることもあります。

解決策として、次のような対応をとってみることが考えられます。

解決策① 対立の強い子どもへの対応

特に対立感情の強い子どもがいることがあります。そういう子どもと、個別に話し合いの機会を設けましょう。

特に、強い指導をしたときとか、ネガティブな言動があったときなどは、特に注意が必要です。できるだけ「日をまたがずに」アフターフォローをすることが大切です。

強い指導をしてしまって、日をまたぐとどうなるのか。

その子どもの1日に思いを馳せれば、想像がつくことでしょう。

学校で厳しく叱責された。

友だちの前でカッコ悪いところをさらされた。

お風呂に入りながら考え、眠る前にも考えて、それで朝起きてからも腹立たしく思うことも、あるかもしれません。

そうして考え込んでいたところで学校に行ったとたん、先生から「やあ、おはよう！」などと声をかけられたとして……「なんだよ、昨日あれだけ言ってきたくせに！」と、反発の気持ちを覚えるのが自然なものでしょう。

子どもは、指導されたことを家で思い返しているものです。

だから、アフターフォローまでふくめて、その日のうちに解決するようにしたいところです。

特に対立の強い子どもについては、指導した日には声をかけるようにしましょう。

たとえば、「ちょっといい？　厳しく言ったけど、さっきのこと、わかってくれたかな。『本当はそうじゃないのに』とか、何か思っていることがあったら言ってね」というように、個別で話をするのです。

休み時間や、帰りの準備をしている中など、ちょっとしたスキマ時間で話をするのです。

対立感情の強い子どもは、「修復するのは相当に困難」なのです。

だから、初手がとても大事なのです。

解決策② 外部の協力を得る

不満を感じている子どもが多い場合に、その不満の原因がハッキリしない場合があります。そういうときには、第三者に介入してもらいましょう。

人間関係のこじれには、第三者が入って、双方の意見を聞くことが早いのです。

誰に聞いてもらうかというと、授業を一部でも受けもっている先生が適任です。もしもそのような先生がいない場合は、学年主任にお願いしましょう。

あなたが学年主任の場合は、教務や教頭など、管理職に「授業の巡回」のような形で入ってもらって、その後に聞いてもらうようにするとよいでしょう。

たとえば専科の先生から聞いてもらう場合であれば、授業の後で、気になる子どもだけを呼び出して、「ちょっと、このあいだ廊下を通りかかって、担任の先生の授業を受けるときの態度がよくないと思ったんだけど、先生と何かあったのかな?」と聞いてもらいます。

尋問するのではなく、あくまでも解決しようとする態度で尋ねます。

「別に、特にないけど」と言うようであれば、「何もないんだったら、その態度はダメなんじゃないかな」と指導してもらいます。

「実は、先生は人によってひいきすることがあるんだ」などの声が出てくることもあるでしょう。それをできるだけ綿密に聞き取り、担任に報告します。

担任にしてみれば、これは耳の痛い話です。

でも、これで不満の原因がハッキリするわけです。

もしも改められる点なのであれば、それを改善できるようにしたいところです。

解決策③学級集団への対応

教師と子どもたちが対立していて、聞き取りなどによって教師の改善点が明らかになった場合には、自身の反省する気持ちを子どもたちに伝えてみましょう。

「先生は最近自分のことをふりかえってみて、できるだけみんなに同じようにほめたり叱ったりできるようにしたいと思っているんだけど、できていないかもしれないなと感じています。先生としては、みんなが気持ちよく学校生活を送れるように気をつけるようにしています。もしも、それでイヤな思いをさせていたらゴメンなさいね。みんなに平等にできるように、先生もがんばりますね」

たとえば、このように伝えるのです。

自分自身も反省の弁を述べつつ、必要な指導は継続して続けていきましょう。

教師と学級集団の人間関係がうまくいかない場合には、その解決のためには、外部の力を借りるのがスムーズです。

専科や学年主任、管理職の力を借りながら関係の修復に努めましょう。

★7――高圧的指導を避ける

◉気をつけたい反抗挑戦性障害

発達障害の一つに、ADHDがあります。

ADHDとは、年齢あるいは発達に不釣り合いな注意力、及び衝動性、多動性を特徴とする行動の障害で、社会的な活動や学業の機能に支障をきたすものです。

7歳以前に現れ、その状態が継続し、中枢神経系に何らかの要因による機能不全があると推定されています。

ADHDには、併発障害があると指摘されています。その一つが「**反抗挑戦性障害**」です。

反抗挑戦性障害は、ADHDの中でおよそ50~70%が併せもっているとされています。

反抗挑戦性障害は、親や教師など目上の人に対して拒絶的・反抗的な態度をとり、口論をしかけるなど挑戦的な行動を起こしてしまう疾患とされています。

症状を発症する場面や相手が多いほど重度であると診断されます。主に9才から思春期にかけて見られ、年齢を重ねると自然に落ち着くのが一般的とされています。

反抗挑戦性障害の具体的なイメージとしては、次のようになります。

反抗的「うるさい！」「今やろうとしてるんだ！」
拒否的「やりたくない！」「いや！」
挑戦的「は？」「ほかの子もやってるのに、どうして僕だけ注意するんですか？」

ＡＤＨＤ児童に反抗挑戦性障害傾向がある場合で、なおかつ教師の指導が高圧的だと、かなり学級経営が難しくなります。

まず、その子どもの反抗性が強まります。大声を出す、離席する、友だちにちょっかいをかけるなど、授業の成立を妨げる行為を取ります。それを追うようにして、学級内で授業に参加しない子どもが増加することがあります。

反抗挑戦性障害の疑いがある場合は、特に指導の仕方を考慮すべきです。高圧的な指導を避けて、次の3点を意識した指導を心がけましょう。

ポイント①自己肯定感を高める

反抗挑戦性障害の子どもは、叱られ続けていることにより、自己肯定感が著しく低下している可能性があります。できていることを認めて、ほめ続けるようにします。

ポイント②今何をやるべきかを毅然とした態度で伝える

反抗的な態度にひるむべきではありません。たとえば、算数の授業になっているのに体育の服装のまま着替えもしないでウロウロしている場合には、「今算数の勉強をする時間です」と毅然とした口調で伝えます。やるべきことを言い続けます。そうすると、周囲の子どもにも「先生は認めていないんだな」と感じ取らせることができます。

ポイント③後方から支援する

反抗挑戦性障害の子どもにとって、正面から来る人は対決姿勢に入る敵としてとらえてしまう傾向があります。だから正面から支援に入ると、反発されてしまうことがあります。自然に後ろから近づいて、包み込むように支援しましょう。

教師だって人間ですから、反抗されたり、挑発されたりすると腹が立つものです。ですが、高圧的な指導は、いい結果をもたらさないのです。

感情をコントロールして、毅然とした態度で接しましょう。

★8——凌ぐ

◉どうしようもなくなったら、耐え凌ぐ

学級崩壊が起こってしまったということは、担任と子どもの関係性が悪くなっているということです。もちろん、ある程度の策は練ることでしょう。

それでも、どうしてもうまくいかないのであれば、「**1年間を凌ぐ**」という方法も必要でしょう。

山口県の中村健一先生は、学級の状態を恋愛にたとえて表現しています。

> 崩壊学級の担任は、子どもたちに振られているようなものだ。
> 手紙を書こうが、映画に誘おうが、花束を渡そうが、気持ち悪がられるだけだ。子どもたちの心はどんどん離れていく。

学級が崩壊してしまったのであれば、もうそれは嫌われているのであって、挽回などそう簡単

にできるものではないのです。

だから、立て直そうなどとは思わなくてもよいのです。

授業妨害をする子どもがいたとしても、それは無視して、淡々と進める。休み時間になったら、職員室に戻って、子どもたちと距離をとる。

そうやって、なんとか1年間を凌ぎきるようにしましょう。

学級崩壊をするというのは、負のループに投げ込まれるようなものです。

・子どもとの関係がよくなくなる
←
・放課後にクレーム対応に追われる
←
・教師の精神が削られる
←
・授業準備ができない
←

・授業がわかりにくく、おもしろくないものになる
←
（はじめに戻る）

この負のループに一度入り込んでしまうと、なかなか抜け出せない。

ただし、1年間という期間が過ぎれば、もう同じ人間関係がくり返されることはないのです。

その1年間を、凌ぎきりましょう。

教えるべきことをきちんと教えて、その学年を終えるようにするのです。

年度が終わったら、仮にクラス替えがあったとしてももち上がらずに、ほかの学年を受けもつようにします。

場合によっては、他校に転勤してもかまわないのです。

その1年間を乗り越えて次の学年をもつときには、きっと楽に感じられることでしょう。

★―おわりに

学級には、攻めるべき状態と、守るべき状態があります。「守る学級経営」において、苦しい中でどう切り抜けるか、その中でどのようにして子どもを育てるか、という点に着目した本を仕上たいと考えました。

私自身も、学級経営で苦しんだことが多々あります。理不尽なクレームを受けて、心が疲弊したこともありました。

うまくいかない1年を迎えているさなか、私はこの詩と出会いました。

独り言

をさ・はるみ

わたしが　わたしになるために

じんせいの　しっぱいも
ひつようでした
むだなくしんも　ほねおりもかなしみも
すべてひつようでした
わたしが　わたしになれた　いま
みんな　あなたのおかげです
おんじんたちに　手をあわせ
ありがとうございましたと
ひとりごと

「守る学級経営」の1年は、つらいものです。
ですが、その1年を乗り越えたからこそ得られるものがあります。
学べることがあります。
無理せず、心を休めながら1年間を乗り切ってほしいと願います。
本書が、守りに徹する学級経営の下支えのような存在になれば幸いです。

★――参考文献

西野宏明『子どもがサッと動く統率のワザ68』明治図書（2016）
江川玟成編著『いじめの乗り越え方・防ぎ方　望ましい支援・指導の方法』東京学芸大学出版会（2017）
緒方宏明『小学校における学級崩壊の状況分析と教育方法の改善及び対応』（2021）
verb『他人を支配する黒すぎる心理術』マルコ社（2013）
金森俊朗『いのちの教科書　学校と家庭で育てたい生きる基礎力』角川書店（2003）
有田和正『教え上手　自ら伸びる人を育てる』サンマーク出版（2009）
斎藤喜博『斎藤喜博全集　第1巻』国土社（1969）
大村はま『教えるということ』共文社（1973）
原田隆史『カリスマ体育教師の常勝教育』日経BP社（2003）
井庭崇編著『クリエイティブ・ラーニング　創造社会の学びと教育』リアリティ・プラス慶應義塾大学出版会（2019）

実森正子・中島定彦『学習の心理　第2版　行動のメカニズムを探る』サイエンス社（2019）
中村健一『策略　ブラック学級づくり　子どもの心を奪う！　クラス担任術』明治図書（2015）
俵原正仁『なぜかクラスがうまくいく教師のちょっとした習慣』学陽書房（2011）
岩井俊憲『「勇気づけ」でやる気を引き出す！　アドラー流リーダーの伝え方』秀和システム（2019）
原田正文監修『友達をいじめる子どもの心がわかる本』講談社（2008）
坂本昇一編『〝学級崩壊〟克服の学校経営』教育開発研究所（2000）
イアン・スチュアート、ヴァン・ジョインズ『TA TODAY 最新・交流分析入門』実務教育出版（1991）
岸本裕史『学力のおくれをとりもどす』あゆみ出版（1983）
浅井千穂・坂田芳美編著『あなたの人間関係をCOOL-UP!　する　はじめの1冊　入門TA』TA教育研究会（2010）
深沢諭史『まんが　弁護士が教えるウソを見抜く方法』宝島社（2020）
中野信子『ヒトは「いじめ」をやめられない』小学館新書（2017）
砂川真澄編『いじめの連鎖を断つ　あなたもできる「いじめ防止プログラム」』冨山房インター

ナショナル（２００８）
吉田順『いじめ指導24の鉄則　うまくいかない指導には「わけ」がある』学事出版（２０１５）
石川憲彦『みまもることば思春期・反抗期になってもいつまでもいつまでも』ジャパンマニシスト社（２０１３）
藤原喜悦・高野清純・稲村博編『いじめっ子　いじめられっ子・校内暴力の診断と治療』教育出版（１９８５）
湯浅恭正編『よくわかる特別支援教育』ミネルヴァ書房（２００８）

論文

・中島健一郎「非排斥者への共感による心理的痛みの伝染」『Human Development Research』Vol27２０１３年、pp.189-193
・佐囲東彰『強い反抗性を示すＡＤＨＤ児の問題行動と学級全体の問題行動に対する支援　クラスワイドな支援と個別支援を組み合わせた支援過程の妥当性』Vol26　２０１７年、pp.253-269

・緒方宏明『小学校における学級崩壊の状況分析と教育方法の改善及び対応』Vol52　２０２１年、pp.97-105

・Babad,E.,Bernieri,F.,& Rosenthal,R.（1989）.When less information is more informative:Diagnosing teacher expectations from brief samples of behaviour. British Journal of Educational Phychology,59（3）,281-295.

・Babad,E.（2009）.Teaching and nonverbal behavior in the classroom.In L.J.Saha & A.G.Dworkin（Eds）,International handbook of research on teachers（pp.817-827）:New York:Springer.

・Babad,E.（2005）.Guessing teacher's differential treatment of high-and low-achievers from thin slices of their public lecturing behavior.Journal of Nonverbal Behavior,29（2）,125-134.

・Bond,C.F.,Jr.,&DePaulo,B.M.（2008）.Individual differences in judging deception:Accuracy and bias.Psychological Bulletin,134（4）,477-492.

★――プロフィール

1986年大阪府生まれ。

大阪教育大学卒。

堺市立小学校教師として13年勤務。

令和4年度より京都大学大学院教育学研究科に在籍。

メンタル心理カウンセラー。

教育サークル「ふくえくぼの会」代表。

著書に『学級あそび101』『国語あそび101』（ともに学陽書房）、『教師の言葉かけ大全』（東洋館出版社）、『子どもが変わる3分間ストーリー』（フォーラム・A）など。

守る学級経営

2023（令和5）年2月24日　初版第1刷発行

著　　者：三好真史

発 行 者：錦織圭之介

発 行 所：株式会社　東洋館出版社

〒101-0054　東京都千代田区神田錦町2-9-1
コンフォール安田ビル2階

代表　TEL：03-6778-4343　FAX：03-5281-8091

営業部　TEL：03-6778-7278　FAX：03-5281-8092

振替　00180-7-96823

URL　https://www.toyokan.co.jp

装丁デザイン：小口翔平＋畑中茜（tobufune）

本文デザイン：株式会社ダイヤモンド・グラフィック社

組版・印刷・製本：株式会社ダイヤモンド・グラフィック社

ISBN978-4-491-05079-9

Printed in Japan